EDMOND ET JULES DE GONCOURT

ÉTUDES D'ART

LE SALON DE 1852 — LA PEINTURE
A L'EXPOSITION DE 1855

PRÉFACE DE ROGER MARX

PARIS
LIBRAIRIE DES BIBLIOPHILES
E. FLAMMARION, SUCCESSEUR
Rue Racine, 26

ÉTUDES D'ART

Portrait d'Edmond de Goncourt par Jules de Goncourt

EDMOND ET JULES DE GONCOURT

ÉTUDES D'ART

LE SALON DE 1852 — LA PEINTURE
A L'EXPOSITION DE 1855

PRÉFACE DE ROGER MARX

Aquarelles et eaux-fortes d'Edmond et de Jules de Goncourt
reproduites par l'héliogravure

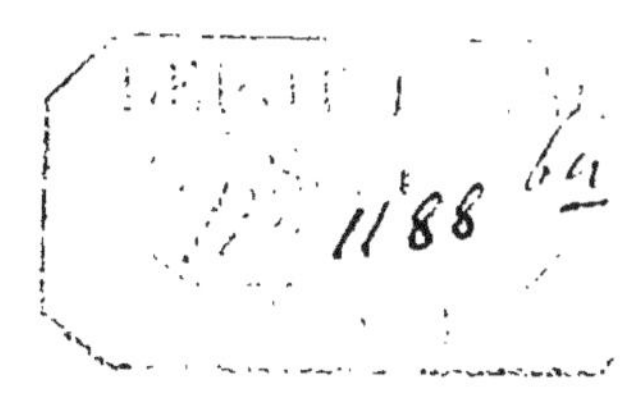

PARIS
LIBRAIRIE DES BIBLIOPHILES
E. FLAMMARION, SUCCESSEUR
Rue Racine, 26

Portrait de Jules de Goncourt par Edmond de Goncourt

ES ÉTUDES *sur l'école contemporaine,
il sied de les replacer à leur date
dans l'œuvre d'Edmond et de Jules
de Goncourt. Ce n'est pas un début
négligeable, inattendu, l'extraordi-
naire prélude donné par un Guizot ou un Thiers à
leurs peu valables Histoires ; ce n'est pas davantage
une gageure d'écrivain, une escrime littéraire à la
Saint-Victor, l'aventure d'Alfred de Musset s'impro-
visant, par caprice, juge d'art pour une heure. Elles
ne prétendent ni constituer le premier terme d'une
série, ni marquer le point de départ d'archives spé-
ciales, chaque printemps reprises, tenues à jour avec
la fidélité, la clairvoyance d'un Burger-Thoré ou
d'un Castagnary. En inaugurant par un Salon leur
œuvre critique, Edmond et Jules de Goncourt, —
tels jadis Charles Baudelaire et naguère Émile Zola,
J.-K. Huysmans, — cèdent au tourment qui les
presse de déclarer le sens de leurs aspirations, de*

protester au nom de la vérité, de réagir contre le mensonge des acclamations routinières. Journalistes en 1852, les ouvrages réunis au Palais-Royal leur sont un prétexte pour émettre leur doctrine, affirmer leur foi, et au public de l'art sera dédié superbement le recueil des articles parus dans l'Éclair. Vienne l'Exposition universelle de 1855, Edmond et Jules de Goncourt éditeront leurs opinions à quarante-deux exemplaires et, la compréhension élargie, on les verra instruire le procès des célèbres, dépister les tendances, se hausser dans un examen d'ensemble aux généralisations de la synthèse.

N'appartiendrait-il à ces essais que d'initier à la pensée d'art, de découvrir les instances natives du goût, de renseigner sur la formation de l'esthétique, leur remise au jour s'imposerait comme le lien nécessaire entre EN 18.., qu'ils suivent immédiate-ment, et PAGES RETROUVÉES, qu'ils complètent ; mais il y a mieux : à l'ingéniosité d'aperçus portant en eux l'indice, sinon le germe des théories plus tard professées, à la latitude fournie de suivre sans arrêt le développement de deux fiers esprits, à la signifi-cation autobiographique, LE SALON DE 1852 et LA PEINTURE A L'EXPOSITION UNIVERSELLE DE 1855 ajou-

tent le bénéfice d'une valeur documentaire, l'apport aux annalistes de vues neuves, d'originales et personnelles conclusions sur l'état des arts au milieu du siècle.

Critique heureuse, prompte à l'enthousiasme, facile à la louange, celle de ces débutants! Critique peu ménagère de son intérêt et de sa peine, inaccessible aux paresses, aux dédains des Salonniers attitrés, jalouse de tout commenter par le détail, le bon et le passable, le tableau et la statue, le dessin et l'estampe, le pastel et jusqu'au lavis des architectes! Critique généreuse qui ne se défendra point d'embellir la peinture aimée, de lui prêter le prestige, l'illusion du beau langage, et qui versera les pierreries rutilantes d'une prose à la Gautier dans la description du Coucher du Soleil sur l'Amstel, de Ziem! De ci, de là, pourront encore surgir ces enviés défauts de jeunesse dont M. Edmond de Goncourt charge avec tant de rigueur le livre initial EN 18.., et le grand dommage si parfois il arrive aux rédacteurs de l'Éclair de viser à l'esprit, s'ils s'abandonnent à ne point cacher assez la richesse de leur culture, le profit tiré des voyages, des veilles dans les bibliothèques, des visites aux collections, aux *musées ! La curiosité en arrêt sur toutes choses, dès longtemps leur mémoire s'est meublée à plaisir. Point de langue qu'ils n'entendent, morte ou vivante, européenne ou orientale, et, sous leur plume, les citations d'abonder, citations de chants populaires, citations de Diderot et de Cochin, de Mlle Clairon et de Charles d'Orléans ! S'agit-il de la miniature, de la lithographie, du paysage, vite Edmond et Jules de Goncourt jetteront en préface à leur examen un exposé historique alerte et renseigné. Attentifs aux filiations, ils retrouvent dans le dix-neuvième siècle le dix-huitième siècle oublié; ils évoquent et restaurent Watteau, Chardin, La Tour; ils s'émeuvent de la transparence des bols de Chine en porcelaine coquille et du décor bigarré d'une assiette japonaise; ils exaltent Gavarni, — et voici que l'aveu des instinctives, des inaliénables prédilections, présage à l'origine la carrière entière, et voici que s'indique, comme en une ébauche, le sujet des glorieuses études à venir, le thème des admirations dont ne se départiront jamais Edmond et Jules de Goncourt.*

Des révoltes, des audaces, des luttes contre les poncifs, il s'en rencontre à toute page! L'inacces-

sibilité du beau *constitue la charte fondamentale. A la peinture,* vivification de la forme par la couleur, *la fonction spiritualiste est déniée, interdite.* On montre l'inspiration religieuse épuisée, tarie; on sape les arbres à tournure de confident; on appelle à la découverte de la Seine, de la Marne et du Morin; on salue l'avènement du paysage; on célèbre ses poètes, Jules Dupré, Théodore Rousseau, Charles Daubigny. La nature succède à l'homme, est-il avancé, partant à la statuaire historique succédera la sculpture d'animaux, et, à propos du Jaguar dévorant un lièvre, à propos de ce bronze, mis sans timidité en balance avec les chefs-d'œuvre de l'antiquité classique, Barye reçoit en 1852 l'octroi du rang suprême que lui assignera la postérité. N'est-ce pas encore avec une singulière prescience de l'avenir que Edmond et Jules de Goncourt dénoncent l'action du daguerréotype et s'en inquiètent, qu'ils veillent aux usages, aux coutumes de l'ancienne France, et supplient qu'on ne les laisse point disparaître avant d'en fixer le caractère? Sous une raillerie, un conseil avisé ramène à l'eauforte, au bois, Tony Johannot égaré dans la grande peinture, réclame pour Bonvin l'exemple, les enseignements de Chardin. Certes, les paravents de

Horace Vernet, Cabanel et ses tons d'élégie, *le* galimatias *de Hamon,* Anacréon de la Petite Provence, *les* boashommes *de Meissonier,* à l'épiderme en tapisserie au petit point sous laquelle n'a jamais couru le sang, *seront d'emblée disqualifiés, voués au néant ; mais que la sympathie trouve à s'exercer, comme elle s'éjouit de dégager l'allure toute* prud'honienne *d'un portrait de Ricard, de distinguer et d'accueillir le début de Gustave Moreau ! Comme elle osera mettre en pleine et belle lumière ces grands petits maîtres ignorés, méconnus :* Hervier, *le* Decamps des ports de mer, *et l'amusant peintre des moulins,* Hoguet, *condamné à l'irrémissible oubli, croyait-on, et que notre temps, par un retour imprévu, s'est pris à aimer, à rechercher.*

Témoins du duel ouvert entre les romantiques et les classiques, de cette rivalité surexcitée, exaspérée en 1855 par l'étalage côte à côte de quarante tableaux d'Ingres et de trente-quatre tableaux d'Eugène Delacroix, Edmond et Jules de Goncourt se gardent de verser dans le parallèle coutumier. Sur les deux chefs d'école examinés successivement, ils se prononcent, et, au plus fort de la dispute, avec une indépendance et de particuliers arguments qu'aimeront à invoquer les monographies posthumes, définitives. Ingres ne leur semble pas à suivre hors du portrait, de l'académie, et il n'est fait grâce ni à sa peinture porcelainée, ni à la froideur des images muettes, des physionomies silencieuses; or remarquez qu'en spécifiant le terre à terre de la figuration, l'importance excessive de l'accessoire, le peiné du travail, l'enluminure par teintes plates, en indiquant le régal sensuel de certains nus, Edmond et Jules de Goncourt ont préparé l'exacte détermination de ce génie païen, indifférent au pardedans moral, de ce naturalisme patient, volontaire, visant à l'intégrale transcription des apparences avec la fidélité opiniâtre des primitifs, avec la naïve dévotion des Indiens, des Persans en leurs miniatures. Delacroix, c'est, à les entendre, l'imagination de la peinture au dix-neuvième siècle, le seul plafonnier, le seul coloriste de grandes machines. Ces constatations ne vont pas sans réserves. Pourquoi la fièvre continue, la gesticulation incessante? Pourquoi l'éclairage uniformément sourd, le manque d'harmonie, l'exclusion des tons tendres? Et, cette fois, la minutieuse décomposition du procédé dévoilera l'emploi habituel du pointillé multicolore qui s'assemble à distance, n'est-ce pas dire l'application *de la loi du mélange optique qui fait de Delacroix avec Turner l'aïeul, le promoteur de l'impressionnisme ?*

Cependant Delacroix ne retient les Goncourt que par scrupule d'historien, sans autrement les attraire. Las du romantisme décadent, ils souhaitent un art autre, la représentation d'une réalité non cherchée exclusivement dans le laid, et prêtant à la mise en valeur picturale. La brutalité pataude, grossière de Courbet, praticien secondaire, sauf en certains paysages et en ses tableaux de faune forestière, est pour répugner à leur délicatesse originelle, et, d'autre part, les promesses de Couture, en lequel ils espèrent, sombrent dans la nuit des avortements. Pour répondre à l'ambition de renouveau, à la soif de lumière éclatante, pour satisfaire l'appétit d'exotisme, il fallait un explorateur de pays ignorés, et la logique du tempérament portait l'admiration des Goncourt au plus original des peintres d'alors, selon Théophile Gautier et Gavarni, au plus pittoresque d'après Burger-Thoré, à Decamps, — Decamps seul possesseur du style et de la palette enivrée, Decamps l'alchimiste des triturations de la pâte, Decamps auquel plus tard l'hon-

neur sera fait de deux entiers chapitres de Manette
Salomon !

De ces jugements combien encore se retrouveront
développés par tout l'œuvre ! combien prolongent la
résonnance des libres propos d'En 18.., des vives apos-
trophes à Gustave Planche ! combien aussi s'accor-
dent avec une thèse soutenue dans l'Éclair, reprise
dans le Paris ! Car, durant ces années 1852 et 1853,
Edmond et Jules de Goncourt, principaux collabo-
rateurs des gazettes fondées par leur cousin de
Villedeuil, y dépensent en prodigues de la fantaisie
et du souvenir, de l'invention et du rêve ; par sur-
croît, la mission leur est dévolue d'épier les créations
des théâtres, le mouvement des ateliers, et telle est
déjà la prédominance des hantises que, chez eux,
l'analyse dramatique s'orne d'images de tableaux,
d'énumération de peintres, qu'elle s'arrête complai-
samment à décrire un décor, à rectifier l'archéologie
d'une mise en scène, d'un costume, qu'elle honore au
passage Daumier, Henry Monnier, et ne veut reconnaître dans un demi-siècle que trois comédies sociales :
Mercadet, Robert Macaire, Joseph Prudhomme.
Leur enquête sur l'au jour le jour de l'art va d'autrefois à demain, des morts glorieuses aux fins igno-

rées, du Salon qui s'ouvre à l'estampe qui paraît. Une à une, interrogées, scrutées, les vitrines de la rue Laffitte défilent, celle de Beugniet et celle de Cornu, celle de Jules et celle de Peyrelongue ; elles défilent, racontant Hervier, Ziem, Hoguet, montrant un Escalier de pêcheurs, d'Eugène Isabey ; la Batteuse de beurre, par J.-F. Millet, du réalisme qui fait rêver ; un Matin, par Troyon, une naissance de jour sous un manteau de brouillard. A son heure, l'exposition de l'Association des Artistes suggère le vœu, — toujours à remplir, — de dresser la statistique de l'École française, de la révéler, une fois l'an, depuis Clouet jusqu'à Decamps, par les prêts des galeries privées. Au convoi de Tony Johannot, les ombres d'Eisen, de Marillier, de Moreau, de Gravelot, sont priées, et, sous forme de légende vraie, s'écrit l'adieu au statuaire Roguet ou à l'ornemaniste Possot. Ailleurs, le joli commentaire à la plume de l'album nouveau : lithographies de Gavarni et de Hervier, eaux-fortes de Jules Buisson, dessins satiriques de Cruikshank! Puis les chaleureux accents pour louer Emeric David d'avoir aimé l'art du pays, et Philippe de Chennevières de le servir par l'établissement de ses Archives, par la vulgarisation imprimée du précieux Abecedario de Mariette!

Que le tour de leur esprit ne s'accommode plus du journal, que le XVIIIe siècle les sollicite, se découvre à eux, devienne leur conquête, les deux frères ne conservent pas moins actif le culte de l'originalité ambiante et à l'œuvre de leur temps ils restent liés, mêlés profondément, pour toujours. C'est l'art moderne et ses destinées que vise le curieux libelle : LA RÉVOLUTION DANS LES MŒURS; *c'est à lui que vont les pensers de* CHARLES DEMAILLY, *la causerie mélancolique de Grancey, railleuse de Giroust; c'est son souvenir qui dicte telle maxime d'*IDÉES ET SENSATIONS; *enfin entier, tout entier, l'art français de 1840 à 1860 est exposé, enfermé, contenu, dans* MANETTE SALOMON.

A Edmond et à Jules de Goncourt, les lettres françaises étaient redevables de cette exceptionnelle, de cette unique fortune : un roman sur l'art écrit par des artistes et dont les héros ne sont plus ennoblis selon le canon d'une idéalisation bienséante, ni rabaissés par le parti pris d'une antipathie bourgeoise, ni rendus invraisemblables par le manque d'habitude native du milieu. Ici le peintre se retrouve, se reconnaît, continue à vivre sa vie observée dans son cadre et dans son essence. A son commerce

**

sont familiers les personnages qui s'agitent, à son esprit les idées qui s'échangent, à son regard le décor qui se déroule, à son oreille le particulier idiome qui se parle. De ces types, pas un qui ne résume, n'incarne une collectivité fatalement pareille à travers les générations, pas un qui n'ait pris rang dans la figuration du XIXe siècle : Coriolis, le talent spontané, ardent, insurgé contre la routine, blasphémé par le profane ; Garnotelle, la vocation absente, le métier appris, la banalité doucereuse promise aux adulations mondaines ; Chassagnol, le raisonnement frayant la voie au progrès ; Anatole, la Bohème blagueuse, impuissante, lâche devant le combat pour l'existence. Parmi cette succession de tableaux, pas un qui n'atteigne à la vérité synthétisée du geste de la vie artiste : l'Ecole des beaux-arts ; — le concours pour le prix de Rome, depuis le premier essai jusqu'au jugement ; — Le Louvre et ses copistes ; — l'atelier avec ses élèves, ses modèles, ses mystifications, ses brimades ; — le Salon, l'anxiété de la réception, l'émoi de la montre publique au jour du vernissage ; — la Villa Médicis et ses pensionnaires. Comme entr'actes, les batailles de paroles et d'idées, les disputes passionnées sur les gloires mortes et présentes, les assauts livrés à la

*dégénérescence sentimentale du romantisme, la nota-
tion des tendances symptomatiques : ainsi l'excita-
tion cérébrale demandée aux albums japonais, aux
marines de Turner ; ainsi la volonté de consigner les
féeries de la lumière s'absorbant dans un effort
intense qui sera demain l'effort de toute la peinture.
N'importe, et, malgré le regret de M. Edmond de
Goncourt de n'avoir pas donné une suite à son étude,
en lui proposant pour objet la* high-life *de l'avenue
de Villiers,* MANETTE SALOMON *demeure le classique
de l'atelier, le livre sans lequel l'intimité de l'artiste
se trouvait ignorée, livre documentaire à ce point
qu'une revue spéciale en publiait naguère les chapitres didactiques, trouvant là consignées, les idées,
la physionomie esthétique d'un temps, l'histoire de
ce qui d'ordinaire n'a pas d'historien.*

*Autre hommage au génie moderne, le monument
élevé par les Goncourt à leur maître d'élection, à
celui qu'ils admettent au parallèle avec Balzac, —
à* GAVARNI. *En lui M. Henry Céard reconnaît l'édu-
cateur intellectuel des deux frères, et de fait, dès
l'éveil de la vocation, irrésistiblement leur pensée
s'attache au continuateur de la tradition française,
au descripteur sceptique, désenchanté de la fête*

galante du *XIX*ᵉ siècle. Plus tard, les affinités s'étant enveloppées du doux lien d'une affection quasi familiale, Edmond et Jules de Goncourt, renseignés sur le tréfonds de l'âme et du talent, s'acquittaient envers leur ami, fastueusement. De cette action subie, de cette reconnaissance manifestée, il y a loin à induire la parité des trois esprits; si l'observation des Goncourt doit à Gavarni de s'être élancée hors des rétrospectivités mortes, à la recherche de la vie, de la vérité, de quel don de pénétration plus aigu ils témoignèrent; si son exemple les fit analystes de la contemporanéité, quel champ plus large se trouva par eux exploré; et, en somme, sur l'aperception de Gavarni, sur ce d'après nature un peu dandy en gants jaunes, un peu graveur de modes, un peu superficiel, combien devait l'emporter la haute et perspicace vue des Goncourt. La verve du dessinateur, de l'humoriste, n'est pas mise en question, cela va de soi; de même, personne ne se dérobe à la philosophie des légendes, au surprenant parlé du dialogue, au rare bonheur tiré de la pierre lithographique; mais tout de même le misanthrope aristocrate qu'a dit si bien Barbey d'Aurevilly s'est détaché de son sujet au point que la peinture de mœurs devient tableau de genre, et la puissance manque pour parvenir à l'ex-

*pressivité de la mimique, à la représentation géné-
ralisée d'un épisode de réalité ; ou du moins Gavarni
n'y réussit qu'un jour, par une exception tardive,
quand il invente Thomas Vireloque,* « œuvre forte
où son inspiration vieillie, mûrie par la cruelle
expérience, s'élève au-dessus du joli et du pimpant,
du spirituel de ses œuvres premières et jeunes, de
ces fines études du plus fin de la femme, de ces
bamboches de carnaval, de la lanterne magique
amusante des mœurs de Paris, — de la vie de
garçon de son talent ». *Et les biographes ajoutent :*
« Ici le maître monte plus haut que l'esprit, la
grâce, l'élégance. L'artiste passe penseur. »

*Edmond et Jules de Goncourt ont aimé, chanté
Gavarni, mais sans que cette admiration aliène
rien de leur indépendance, sans que la religion les
conduise jamais à la partialité ou à l'exclusivisme.
Rappelez-vous plutôt leur empressement à revendiquer en faveur de son inégalable rival dont la gloire
s'investit, sous leur autorité justicière, du droit à la
survie d'un Rubens et d'un Rabelais, d'un Puget et
d'un Juvénal. Le nom de Daumier s'évoque, à tout
instant magnifié, au cours des* MÉMOIRES *qui dérou-
lent, à travers la suite des impressions, l'évolution*

d'art d'un tiers de siècle. Et le remarquable est la riche portée de ces notes instantanées, souvent concises à l'extrême! Un trait silhouette la ressemblance des chefs de l'école de 1830, des meilleurs pratiquants de l'eau-forte depuis Méryon, et de Guys l'admirable. Dès le premier abord, à l'heure obscure, sont classés, tirés de pair, Rops, Degas, — qui, suivant une assertion de 1874, a su le mieux attraper dans la copie de la vie moderne l'âme de cette vie, — Forain. Et, avant M. Edmond de Goncourt, qui donc s'était soucié d'établir l'action essentielle de Jongkind sur le paysage, de constater la suprématie de Carpeaux parmi les statuaires, de Vierge parmi les illustrateurs, de définir la qualité d'orfèvre-poète de Gustave Moreau aquarelliste? Si perçante est la vision, si précis le tact de l'originalité, qu'à la mise en images de chacun de ses livres M. Edmond de Goncourt prépose le seul talent dûment approprié à la fabulation : — Félicien Rops pour la LORETTE, Bonvin pour SŒUR PHILOMÈNE, Tissot pour RENÉE MAUPERIN, Jeanniot pour GERMINIE LACERTEUX, Jules Chéret pour LES FRÈRES ZÉMGANNO, — et que, dans les rencontres de la vie, l'intérêt et l'amitié avarement se réservent à de rares et puissants artistes, à Bracquemond, à Rodin, à Raf-

faelli, à Carrière, « le peintre de la maternité moderne ».

Sans conteste, ces yeux aux prunelles noires, brillantes, continuellement fouillantes, savent à souhait démêler les beautés de tous les âges, lointains ou proches, et, sur quelque objet qu'il se porte, le diagnostic demeure semblable à lui-même, également peu faillible. M. Francis Magnard n'avait garde de l'oublier, quand il s'honorait naguère à convoiter pour le Figaro la direction de M. Edmond de Goncourt. Ce que serait devenue la chronique de l'art sous une telle inspiration, l'œuvre réalisé l'annonce ; à quelle spéculation se fût élevé un Salon, il est loisible de l'imaginer après cette confidence, après cette page des Mémoires :

« *Samedi* 20 *novembre* 1875. — Ce soir, en causant avec Jacquet, le peintre de la femme à la robe de velours rouge de cette année, j'étais plus que jamais confirmé dans l'idée qu'il n'y avait qu'une manière de faire un Salon, un Salon où l'homme de lettres confesserait le peintre, le forcerait à retrouver toute l'origine embryonnaire de son œuvre, lui ferait dire les circonstances dans lesquelles elle est née, les révolutions qu'elle a subies, lui arracherait, pour ainsi dire, la genèse psychologique de sa toile.

« Oui, pour une intelligence de l'art, il y aurait à faire un Salon tout nouveau, tout original, un Salon qui ne parlerait que de la vingtaine de tableaux marquants, — un Salon à faire une fois dans sa vie et à ne jamais plus recommencer. Et même, dans ce Salon, les curieuses notes qu'y apporterait l'anecdote racontant les choses représentées, ce que j'appellerai le « mobilier de la couleur... » (1).

---

(1) Dans le tableau de Jacquet, continue M. Edmond de Goncourt, la robe de velours rouge venait d'une princesse russe, morte dans un misérable garni. Elle avait été achetée, quinze francs, par un confrère de Jacquet, à un camarade de faction pendant le siège. Et cette robe, Jacquet la voyait tous les jours, et ce beau ton, qu'il *sentait sien*, lui faisait venir des idées de vol. Or, le propriétaire, un ami, était dans le moment en train de tourner au dix-huitième siècle. Un beau jour donc, Jacquet prenait dans son atelier un fauteuil aux pieds contournés, que son ami regardait du même œil que lui lorgnait la robe. Le troc accepté, il emportait la robe, et aussitôt en possession de la loque à la splendide couleur, il esquissait sur une vieille toile, en deux heures, son tableau.

» Il n'y a que les choses que l'on enlève comme cela, dit-il, qui sont bonnes. »

Maintenant dans la robe, la créature qu'il y avait mise était, selon son expression, une statuette de Saxe, très ébréchée, cassée en beaucoup d'endroits, une statuette à placer tout en haut sur une planche, de peur qu'un coup de plumeau ne la réduise en morceaux, une femme dont la cocasse morale, les fêlures psychiques, le resoudage incomplet, avaient fait dans la pourpre le caractère de ce tableau. »

Ainsi s'énonce le programme d'une critique pla-
nant au-dessus des exigences du compte rendu, —
d'une critique s'attaquant au Présent avec la divi-
nation de la Postérité, — d'une critique qui, loin de
se restreindre à la définition des apparences et à la
controverse plastique, veut remonter du visible à
l'au-delà, de la main qui obéit au cerveau qui
commande. Par le contraste des faciles procédés
d'études employés en 1852 avec ceux-là qui requièrent
l'exercice des plus complexes facultés, il peut être
pris conscience de la tâche parcourue, du progrès
incessant accompli par l'intellect depuis l'entrée
dans les lettres jusqu'à l'instant qui vit se formuler
le principe d'une critique affranchie, renouvelée,
hautement philosophique. Conception de vaste enver-
gure, légalement issue des préférences de médita-
tion, d'analyse des Goncourt, et qui d'un Salon
vient à faire un roman réel où se confondent en une
seule et même étude l'Œuvre et l'Homme, l'Art et
l'Artiste, l'Esthétique et la Psychologie.

ROGER MARX.

LE SALON DE 1852

AU PUBLIC DE L'ART

EDMOND DE GONCOURT.— *Étude de Jaquet*
Petit laquais par Chardin

SALON DE 1852

SOIXANTE-QUINZIÈME EXPOSITION

RÈGLEMENT. — Article 2. Chaque artiste ne pourra envoyer à cette exposition que trois ouvrages.

L'article 2 est l'article capital du nouveau règlement. Limiter le nombre des ouvrages, qu'un peintre peut envoyer à l'exposition est une innovation complète. Y a-t-il justice et raison à le faire? Les partisans de la nouvelle mesure disent que les artistes envoyaient trop d'œuvres; que ce n'étaient plus

des tableaux que l'on soumettait au jury, mais
des esquisses; que, le nombre d'œuvres à re-
cevoir diminué, les œuvres gagneront de valeur, et que les artistes concentreront dans
trois toiles le temps, le travail et le talent,
qu'ils éparpillaient dans quatre ou cinq. Ils
disent qu'une des fins de l'exposition est de
donner une valeur et comme un *plomb* ho-
norable, pour ainsi dire, à toutes les œuvres
exposées; que, le nombre des exposants dimi-
nuant, la valeur du numéro apposé sur un tableau haussera. Ils disent qu'en trois œuvres un
homme peut entièrement étaler. Nous qui sommes les ennemis de cette mesure, nous répon-
drons qu'une limitation du nombre d'œuvres,
avec l'institution du jury, nous semble un con-
tre-sens; qu'un jury sévère apprendra mieux
que toute autre chose aux artistes à envoyer des
tableaux sérieux; qu'un jury sévère donnera seul
valeur aux numéros de l'exposition. Nous dirons que les voyages, les retards, tout le détail
de la vie des artistes, peuvent empêcher un
peintre d'exposer une année, deux années, et
qu'il est injuste, lorsqu'il présentera sept à huit
toiles de valeur, de lui opposer le nombre fati-

dique. Quand Decamps enverra six toiles, — cela s'est vu, — notre avis est qu'il faut prendre les six toiles de Decamps, quitte à faire justice de trois toiles d'un mérite inférieur.

Jury. — Nommés à l'élection par les artistes : Léon Cogniet, Eugène Delacroix, Decamps, Horace Vernet, Picot, Henriquel-Dupont, Mouilleron, Toussaint, Rude, Debay, Labrouste, Danjoy.

Nommés par le Ministre de l'intérieur : le comte de Morny, Villot, Reiset, de Mercey, Cottrau, marquis Maison, Varcollier, de Longpérier, de Laborde, Raoul Rochette, Turpin de Crissé, Mérimée, de Caumont.

Nous ne pouvons qu'applaudir au choix de M. le Ministre de l'intérieur. M. le marquis Maison possède une des plus belles collections de tableaux modernes de Paris; MM. Villot, Reiset, de Mercey, Mérimée, sont connus par leurs travaux sur les arts. Ce sont là des amateurs, et des amateurs distingués, en dehors des questions d'école, assez indépendants pour juger eux-mêmes, assez connaisseurs pour bien juger.

Nous n'avons cette année au Salon ni M. Ingres, ni M. Delaroche. Depuis quelques années MM. Ingres et Delaroche ont leur petit Salon, comme autrefois on avait un petit lever. Ils exposent chez eux et n'admettent les admirations que sur lettres d'invitation. — Est-ce défiance du public, — ou d'eux-mêmes ?

PEINTURE

GRAND SALON CARRÉ

ANTIGNA (21). *Une scène de l'inondation
de la Loire.* — Toute une famille du Val se ré-
fugie sur un toit de chaume. De l'aïeul au marmot, tous sont là, tous se serrent l'un contre
l'autre ; la vache même, la bonne vache fami-
lière, haletante, éperdue, essaie de tenir ses
naseaux hors de l'eau, comme un cheval de Le-
brun, dans son *Passage du Granique.* Et le fleuve
monte sans rivage ! « Et le fleuve montait encore ! et le fleuve montait toujours ! » Ce n'est pas
sans raison que nous citons le docteur Noir à
propos de M. Antigna. M. Antigna se plaît aux
gros mélodrames bien pantelants : hier c'était
l'incendie, aujourd'hui c'est l'inondation. Nous

1.

ne savons s'il faut en vouloir à M. Antigna ou s'il faut s'en prendre à son entreprise ; mais la grandeur épique qu'il donne à ses personnages populaires ne nous semble pas heureuse. La touche est comme la composition : c'est lourd, pesant, commun. Les numéros 22-23 expliquent le nom dont les ateliers ont baptisé M. Antigna : peintre d'engelures.

Et de suite abordons ce qu'on nomme l'art populaire. Poussons droit au monstre. D'abord que veut dire cela, peinture populaire ? Y a-t-il donc deux peintures : une peinture populaire, une peinture *pedestris,* comme dirait Horace, et une peinture non populaire ? Il y eut un temps aussi, où l'on disait le style noble, le style moyen. De l'art populaire, cela signifie sans doute de l'Art pour le peuple. Mais l'art est aristocratique par essence. Voyons les choses au vrai : l'homme du peuple a-t-il le temps d'apprendre l'Art ? vit-il dans un milieu qui lui donne le goût de l'apprendre, s'il en avait le loisir ? Évidemment non. Qu'on ne vienne pas nous dire que le beau est accessible à tous : on a fait de très belles phrases là-dessus, on en fera beaucoup encore, nous l'espérons bien ; mais tout cela n'empêche pas que

le beau ne soit accessible à très peu et que les
Émeric David ne s'appellent pas encore tout le
monde. Demandez au suffrage universel qui a
le plus de talent, comme peintre de natures
mortes, de Philippe Rousseau ou de ce monsieur
qui exposait des tableaux de salle à manger, à
14 francs sur le boulevard, en face l'hôtel Rougemont ? — Un admirateur de Delacroix a découvert, que tous les hommes en blouse ai-
maient et admiraient Delacroix. C'était sans
doute le jour où Mme George Sand découvrait
que tous les ouvriers relisaient Jean-Jacques
Rousseau. — En fait d'art populaire, tenez, il
y a un bien joli mot de Mlle Dumesnil à Mlle Clairon : Dans une salle pleine, il y a deux per-
sonnes de goût.

Voilà pour votre public. Maintenant venons
à vos œuvres. Vous entendez par Art populaire
la nature comme elle est ; c'est s'interdire le
choix. Donc votre idéal, c'est un daguerréotype
promené par un aveugle, qui s'arrête pour s'as-
seoir, quand il y a du fumier. Et vous venez
vous réclamer du Bassan ! vous venez vous réclamer de Rembrandt ! Allez ! le *Coup de soleil*
n'est pas de l'Art populaire. — Je ne comprends

qu'une peinture populaire, la peinture d'enseigne. — N'argumentez pas non plus de la fraternité du pinceau et de la plume, de la corrélation d'une école de style avec une école de peinture. Ne parlez pas du réalisme de l'école littéraire moderne. Musset, Gautier, Janin, George Sand — elle-même, qui se calomnie quelquefois, — n'ont jamais écrit pour les gens qui ne savent pas lire. Si vous avez des fermiers, demandez-leur s'ils ont lu le *Tailleur de pierres de Saint-Point*. Avec votre système et vos idées de réalisme étroit, il faudrait mettre Henri Monnier au-dessus de Victor Hugo, et bientôt Mathieu Lænsberg au-dessus d'Henri Monnier. Nous sommes grands partisans du réalisme en peinture, mais non du réalisme cherché exclusivement dans le laid. Notre réalisme à nous s'appelle *le Pouilleux* de Murillo. Proudhon avait dit : La propriété c'est le vol ! M. Courbet a dit : Le beau c'est le laid ? Il a gagné 10,000 francs, dit-on, à montrer des tableaux dans les foires de Bretagne. Il sera décoré peut-être cette année. C'est un homme d'esprit. Au moins, il n'aura pas le droit de répondre comme ce monsieur à qui on demandait : « Pourquoi n'êtes-

vous pas arrivé? — C'est que je n'ai jamais cru
le monde aussi bête qu'il l'est. »

BENOUVILLE (81). — *Départ de Proté-*
silas. — Protésilas fut le premier guerrier tué
en débarquant sur le rivage de Troie, dit le li-
vret. On n'a pas à reprocher à M. Benouville,
comme à je ne sais quel artiste de 1840, d'avoir
mis dans une scène qui se passe à l'époque de
la guerre de Troie, l'Apollon du Belvédère. Les
colonnes, les fresques, les dieux domestiques,
les lauriers-roses même, sont d'un homme qui
n'ignore pas sa couleur locale grecque. C'est
quelque chose, mais ce n'est pas tout. Le *Proté-*
silas de M. Benouville, partant de la jambe
gauche, le bras droit en arrière, indécis s'il
tournera la tête, est dans la pose de toutes les
académies qui partent pour un voyage. — (83).
Un *Portrait de femme* daté de Rome. C'est d'un
émaillé, d'un travail *fin et parfondu* comme le
pointillé de la miniature. Au reste, cette sobriété
de pâte allait assez au profil de Mme V... L...,
d'une indicible finesse.

CABANEL (206). — *Mort de Moïse*. — Très
grand tableau (envoi de Rome). Le Seigneur,

porté par deux anges, apparaît à Moïse couché
sur la montagne de Nebo. Le Jéhovah n'a pas
le contour terrible du dessin du Tintoret que
possédait M. Denon : Dieu créant le monde,
les deux mains étendues, habillé d'une draperie
aux plis superbes, puissant et redoutable, le
Dieu jaloux de l'Écriture ! Rien dans la grande
toile de M. Cabanel n'est aéré, rien n'est volant.
Son Moïse a trop de raideur ; il est couché tout
d'une pièce. Ce n'est point cet homme qui
« a vécu six-vingts ans, et dont les dents n'ont
point été ébranlées », à qui le Seigneur apporte
le repos. M. Cabanel n'a mis dans la tête de
Moïse rien de l'aspiration du mourant. Les étoffes sont ballonnées et rondes. La draperie verte
du Moïse est d'un ton sale, désagréable à l'œil.
Le rose, le rouge et le violet, jetés par toute la
toile, dans une demi-teinte uniforme, ôtent tout
l'effet à la composition. — (207). *Velléda.* —
Velléda est assise sur une roche, tapissée d'algues sèches. Elle laisse pendre une de ses jambes sur l'Océan, où les mouettes volent dans la
tempête. La tête en arrière, la main droite levée
et menaçante, la pose de la Cassandre à la faucille d'or est bien rendue. A droite et à gauche,

le massif d'arbres où elle s'appuie laisse voir un maigre pan de ciel vert. Cela est peint d'un joli ton d'élégie.

CABAT (208) — Un *Soir d'automne* qui simule assez bien nos anciens paysages de salle à manger. Le ciel, les eaux, les lointains, ont les teintes plâtreuses d'une peinture à la colle, les arbres, le profil détaché de ce qu'on appelle une *ferme,* en argot de décors. Rien ne tourne, n'avance, ne s'enfonce. La brise n'a jamais passé dans cette verdure sans trouée, où le chevelu des arbres semble affecté de la plique polonaise. Le massif qui se balance, en trempant dans l'eau, n'a ni souplesse ni élasticité. Il tombe et ne baigne pas. Pas de plan, pas d'air, une découpure sans profondeur.

CHAPLIN (230, 231, 232). — M. Chaplin, nous le disons à regret, est en baisse. Ce n'est plus cette touche méplate de l'année dernière. A force de travailler, il arrive à un fondu fatigué. Reconnaissons toutefois que, par moments, il retrouve cette grasse et onctueuse couleur qui lui a valu son succès. Il y a dans un de ses portraits

une main soutenant un livre, qui revient à toute
l'ampleur de ses anciens procédés.

L. COGNIET (270). — C'est le portrait d'une
femme déjà agée, aux yeux lumineux, à l'exquise
délinéature de traits, au front chargé de pensées sévères, tête un peu hautaine, où se découpe une bouche sarcastique comme celle de
Voltaire. Sous l'amaigrissement, sous les rides,
sous le travail, que les ans font subir à l'épiderme, le peintre a trouvé le secret de garder
l'image d'une beauté qui n'est plus, et de nous
faire dire, que c'est là le portrait d'une femme
qui a été charmante. Une chevelure noire, où se
sont glissés quelques fils d'argent, encadre l'o-
vale de longues anglaises sur lesquelles court
une dentelle noire, qui descend masquer le cou.
Sur une robe grenat foncé, une pelisse en velours noir doublée de fourrure, jetée en arrière
des épaules, vient se nouer au bas du buste, sous
deux mains allongées, vrais modèles de mains de
duchesse, que le pinceau du peintre à caressées
avec amour, s'efforçant à mettre au jour leur
sveltesse, et promenant sous leur maigreur dé
petits réseaux de veines bleues. Ce portrait

d'une touche serrée, d'une grande sévérité d'accessoires, dans une gamme un peu froide, a une tournure magistrale qui impose et qui étonne. C'est bien le portrait le plus étudié et le plus heureusement étudié du Salon.

COUDER (287). — Avez-vous, Madame, dans votre chambre à coucher, de ces jolis riens, que la mode touche de sa baguette magique? Avez-vous des assiettes du Japon aux bigarrures rouges, bleues et or? Avez-vous des bols de porcelaine de Chine, fins et transparents comme la coquille d'un œuf, où des canards dorés voguent et traversent des lignes de feuilles digitées, toutes coupées d'immenses fleurs rosées à leurs bords? Est-ce encore des pantoufles de Tunis, toutes stellées de pailletons d'argent, « mille petits mirolifiques, qu'on apporte de Chypre, de Candie et Constantinople », et que Rabelais promettait de rapporter de Rome à Mme d'Estissac? — Vous avez, Monsieur, des pipes de merisier au fourneau roux, des pipes calottées d'ambre; vous avez une épée de mignon, vrillée de trous dans la lame, pour faire égoutter le sang; des bronzes, des vieux plats de *Faënza;* vous avez

une table où flanent, à l'entour d'un Clodion,
les livres et les albums; devant votre table
vous avez une chaise Louis XIII en cuir doré;
et que sais-je? sur la chaise un feutre le long
duquel monte, en fusée, une plume rouge, la
plume rouge du capitaine Georges, de Mérimée.
— Eh bien! si vos pantoufles, Madame, si votre
feutre, Monsieur, si quelques-unes de ces choses
avec lesquelles vous avez vécu tous les jours,
des années, sont devenues vos confidents, Madame, sont devenues vos amis, Monsieur, allez
voir les charmants tableaux de dunkerques
exposés cette année par M. Couder, et vous re-
viendrez avec grande envie de faire faire le portrait de vos pantoufles, Madame, — de votre
feutre, Monsieur.

COUTURE (301). — *Portrait d'homme.* — De
cette touche large, de cette facture à outrance,
de ce coloris vivant qui est la signature du
maître. C'est pour lui que Lanzi a dit : « Broyer
de la chair sur sa palette. » — (302). — *Un Portrait d'enfant.* — Une petite fille envermeillée
de santé, les cheveux pris en chignon derrière
la tête, une petite robe bleue, une petite robe de

pension : étude d'un grand caractère. Le fond noir-violet, comme de l'encre étendue au pouce sur une feuille de papier. Peut-être bien les ombres sont elles trop noires, les lignes trop cerclées. Mais ces exagérations sont rachetées par un faire si large, par tant de soleil sur la chair humaine, par tant de mouvementé dans les plans faciaux, que c'est un de ces défauts de grand peintre, qu'on finit par prendre pour des qualités de leur manière. — (300). — *Une Bohémienne.* — C'est pour nous la plus belle chose du Salon. Ici le maître se retrouve tout entier. Figurez-vous une tête de jeune Bohémienne hâlée le long de toutes les routes, hâlée à tous les soleils ; un épiderme brun, ambré, doré et bronzé, un bronze florentin, des yeux noirs de négresse ; une bouche bien ouverte, aux deux coins bien relevés, une rangée de dents blanches qui ne demandent qu'à se montrer derrière ; sur le cou, une écharpe jaune-paille, à petits filets rouges ; aux oreilles, deux petites pierres bleues. Figurez-vous que M. Couture a dépensé là dedans des trésors de carnation fauve, des trésors de grâce sauvage. On voit encore cette tête long-temps après l'avoir regardée. « Enfant aux longs cheveux, émeraude resplendissante (*Esmeralda resplandeciente*), céleste enfant, dis-nous la bonne aventure, et nous te donnerons des pierreries non moins brillantes que tes yeux! » O jeune fille au teint olivâtre! jeune fille au rire d'argent! ô petite Preciosa! on se rappelle devant toi ces mots de la *Gitanilla* de Cervantes.

DEBON (314). — *La Science et la Philosophie montrant la Religion comme la seule vérité.* — Mauvais tableau allégorique. Au-dessous d'une vierge mithriaque, les deux mains ouvertes comme une idole du temple de Jagernath, encadrée d'un cadre d'anges, la Science et la Philosophie sont assises avec leurs attributs. La Science se penche à gauche, la Philosophie à droite; cela donne à la composition un balancé qui choque. Du reste, les anges sont disgracieux et mal enlevés, et tout le tableau est peint avec des tons d'éventail.

DUBUFE (Édouard) (380, 381, 382). — M. Dubufe est toujours notre premier portraitiste de robes, d'écharpes et de dentelles.

DUPRÉ (Jules) (392). — De gros nuages gris

aux crêtes blanches, chassés à gauche, s'écrasent les uns les autres dans une mêlée impétueuse. Sur ce ciel s'élancent en fusées deux arbres hardiment projetés, aux bouquets feuillus. Ils trempent le pied dans un cours d'eau, où descendent des vaches qui enfoncent dans le terrain plantureux et les grasses herbes du pacage vivace. Un saule laisse aller au vent sa chevelure gris-perle. Arbres, ciel, terrain, tout est crépi de paquets de couleurs, et pourtant tout cela vient d'un frais admirable sous cette furie de brosse. Joseph Vernet, qui ne peignait pas d'esquisses, de crainte d'amortir sa fougue, serait bien étonné en voyant le feu de ce paysage, quatre fois peut-être recommencé par M. Dupré ; en sorte que, sous le tableau que nous voyons, il y a peut être quatre autres tableaux. Nous qui aimons cette fière peinture, nous nous demandons cependant si les empâtements du ciel ne le font pas avancer sur les premiers plans ; si ces eaux denses et résistantes, presque granitiques, sont vraies ; si enfin, « en chargeant les lumières pour arriver à la fuite des plans, le peintre ne devrait pas épargner les transparents des fonds, en peignant les ombres ». Après, il faut reconnaître que le *Pacage* de M. Dupré n'est pas placé à sa vraie hauteur : il est placé beaucoup trop bas. — (394). — *Soleil couchant.* — « La rivière pure et calme coulait lentement entre les roseaux agités ; de légers nuages, qu'un doux zéphyr balançait dans les airs, venaient se réfléchir dans le cristal de ces eaux. Ici, j'entendais les oiseaux animer les bois par leur ramage ; là, des milliers de moucherons s'agitaient à travers les rayons pourprés du soleil couchant, tandis que le hanneton bourdonnant attendait leur dernière et mourante lueur pour s'élancer de l'herbe humide. » Un paysage ensoleillé comme une aquarelle de Bonington ; un soleil rougi à blanc glisse sur des masses de verdure, incendie l'eau où se désaltèrent des vaches, et baigne de son fluide igné, argentant et dorant, et faisant éblouissant ce frais coin de terre. — Dans le n° 393, M. Dupré montre avec quelle habileté il sait rompre sa manière. Plus d'empâtements, plus de peinture beurrée, plus d'arbres aux larges bouquets : un feuillé pénible, un travail maigre, patient, laborieux ; des terrains à peine recouverts, aux teintes mornes, aux blêmes perspectives, avec une étroite langue de lumière sur ce sol désolé.

DUVAL (AMAURY) (11). — *Portrait de M. L. Burthe*. — Dessin correct et distingué, tué par une déplorable couleur bise.

FAUVELET (437). — *Partant pour la ville.* — Un des premiers, M. Fauvelet a signé des Meissonier d'un autre nom que Meissonier. M. Fauvelet excelle dans les étoffes. Les habits de velours, les culottes de satin, les bas blancs, il se tire de tout cela à merveille. Il sait faire chatoyer la lumière sur les tissus lisses, l'endormir sur les tissus mats ; il est de grande entente pour les clairs étroits du velours, le lustré mat du drap, le moiré lumineux de la soie. Sauf la tête de son voyageur, fort mauvaise, c'est peint finement, et bien peint.

FRÈRE (E.) (505). — *Intérieur ;* étude. — Un rayon de lumière file sur un mur que l'humidité a lavé de rose et de vert. Il y a une cheminée recouverte de serge, des casseroles au mur, un ratelier d'osier où s'accrochent des couverts de fer, une marmite, un chandelier ;

une vieille femme accroupie et éclairée d'en haut qui tire du vin d'un tonneau dans l'embrasure de la fenêtre, une petite fille qui la regarde. Cette petite toile où la lumière lutte avec des ombres qui ne sont jamais noires, mais agréablement rompues et habilement reflétées, est une savante traduction de la phrase de Cochin : « L'obscurité dans la nature n'est qu'une privation qui n'a aucune couleur et qui détruit toutes les couleurs locales à mesure qu'elle est plus grande. Celui de tous les tons d'ombre qui imitera le mieux la nature sera celui qui tiendra le moins d'une couleur qu'on puisse nommer. » — Comme pendant, un *atelier de tonnelier*. C'est encore une réussite dans le domaine du clair-obscur. Un rayon de soleil glisse par une étroite fenêtre, passe sur les outils épars sur l'établi, illumine de profil l'ouvrier qui cercle son tonneau à grand renfort de maillet. C'est sur ces murs sales, dans ces poutres obscurcies, des poudroiements fauves, de charmants ébats de lumière dans des ténèbres transparentes ; ce sont les incertitudes de coloration que fait le jour dans l'ombre. Ce rayon-là descend un peu de Rembrandt.

GLAIZE (561). — *Les Femmes gauloises.* —
Les femmes, debout sur le chariot, les yeux en
feu, empoignant leurs enfants pour les jeter
sous les roues, menaçant du geste et de la voix,
blasphémant les vainqueurs, agitant la faucille
d'or, sont pleines de *furia*. Les groupes s'en-
chaînent, les enfants s'enlacent, les bouches
maudissent, les bras se lèvent, tout cela se tord,
s'agite, se convulsionne dans un heureux mouvement.

HÉBERT. — M. Hébert, l'auteur de la *Malaria* de l'an dernier, a envoyé cette année au
Salon trois portraits, tous trois d'un affreux lissé
d'exécution. L'homme a l'air d'avoir passé qua-
rante-huit heures au four : il est jaune doré
comme une galette trop cuite. Les deux femmes,
en revanche, ont l'air de mortes. Une surtout,
le n° 617 : une femme dans un parc, à contre
jour, une femme au long col, la tête en poire à
la renverse, la bouche de travers, toute glacée
de vert, les yeux cerclés de violet, toute livide,
le teint d'une élégie de Millevoye enterrée depuis huit jours. Nous dirons à M. Hébert que
les femmes vertes ont fait leur temps, et que,

devant sa fausse *Mélancolia,* nous n'avons pu nous empêcher d'entonner la chanson de Charles d'Orléans :

> Pour Dieu, boutons-la hors,
> Ceste merencolie,
> Qui si fort nous guerrie
> Et fait tant de grans tors.
>
> Montrons-nous les plus forts,
> Mon cœur, je vous en prie.
> Pour Dieu, boutons-la hors
> Ceste merencolie.

HÉDOUIN (620). — *Une Soirée chez les Aâmers.* — Heureuse étude. Par le crépuscule, un dernier rayon de soleil prend en écharpe un groupe d'Arabes, arrêtés près d'une fontaine. Les femmes puisent de l'eau. Les enfants, petits crânes houppés, jettent des pierres dans le courant. A gauche, un âne bâtonné brait.

JACQUAND. — *Saint Bonaventure recevant les insignes du cardinalat.* — Peinture laborieuse. Des têtes sans caractère. La vaisselle d'étain est parfaitement réussie.

LÉCURIEUX. — *Guillaume d'Aquitaine aux pieds de saint Bernard.* — Tableau d'un coloris

blond et doré ; des lumières et des ombres dé-
cidées avec fermeté, un agréable contraste de
tons ; des têtes de guerriers d'un caractère mus-
clé et court ; un jeune homme, appuyé sur l'é-
paule d'un vieillard dans une pose maniérée,
mais pleine de grâce, les jambes quelque peu
tortillées, traduit avec esprit l'indiffér.nce de
la jeunesse pour les foudres cléricales. Les jambes, serrées dans un maillot saumon-pâle, sont
d'une charmante couleur.

LEHMANN (806). — Portrait de femme dés-
agréablement bariolée d'étoffes algériennes, qui
a la sécheresse d'une peinture sur tôle. — Dans
le n° 805, *Rêve*, M. Lehmann a recommencé
Gendron.

MOREAU (Gustave) (935). — *Pieta*. — Sur
un fond de montagnes verdâtres que le peintre
a fait bondir à l'horizon, sur un ciel blafard et
voilé de deuil, se détachent la Vierge, qu'on
soutient, le Christ affaissé et évanoui dans la
mort, Madeleine assise à côté du cadavre, la
tête cachée. Le mouvement de la Vierge, suffo-
quant de sanglots et ramenant la draperie à ses
lèvres, est beau. L'homme qui la soutient, à

droite, en grande tunique rouge largement
épandue, a grande tournure. La Madeleine,
abîmée dans sa douleur et pleurant sur une des
mains du cadavre est d'un heureux sentiment.
— Cette scène, toute pleine de tons vigoureux
et sourds, doit à la sobriété de ton des draperies
qui sont toutes ou rouges ou bleues, une harmonie solide, un effet puissant.

O'CONNEL (M^{mc}) (974). — Une femme se détachant sur un fond verdâtre rayé de jaune.
Elle est vêtue de satin blanc. Sa robe emperlée
s'ouvre en carré sur la poitrine. Les bras nus
sont baignés de gaze. La tête est effacée en ses
jeunes couleurs. Les cheveux relevés avec des
jeux de lumière à leur naissance, les yeux en-
foncés, largement bistrés, le mat carminé des
lèvres rouges, s'accusent vivement sur cette
pâleur. La tête est touchée avec une résolution,
un bravoure bien remarquables chez une femme.
Les tons sont posés, jamais fondus. La tête, les
mains, le cou, se dessinent sous les sillons
d'une brosse qui se promène en pleine pâte,
d'une brosse riche d'heureuses réminiscences de
Van Dyck.

PEZOUS (1032). — *Le Jeu de Siam.* — Toute une famille est là. C'est le XVIIIe siècle en petite tenue de campagne. Les dames en toilette du matin, les hommes en manches de chemise, celui-ci en habit de chamois, tout comme Werther, les souliers à boucle, le bas blanc bien tiré, regardant le jeu de quilles presque tout entier couché à terre. Le plus vieux de la bande, — le jugeur, — est assis sur une moitié de tonneau, le nez en avant, en arrêt sur les coups ; à côté de lui une table où on a bu bien des verres de piquette, mangé bien des canards *au père Douillot,* arrosé bien des amours ! Devant lui est un petit bonhomme, les cheveux à la malcontent, debout, les bras croisés derrière le dos, avec un grand gilet à la financière, aussi attentif que son grand-père. Le discobole, à genoux, s'apprête à jeter bas les deux dernières quilles. L'hôtelier du vide-bouteille égorge, dans le fond, de quoi faire tourner la broche. — Petite toile d'un très joli ton ; peut-être bien un peu de mollesse, mais de l'esprit dans la composition et dans le pinceau.

RICARD (1092). — *Jeune fille.* — Blonde tête

aux grands yeux bleus, carnation rose et blanche comme les jeunes Anglaises, la *jeune fille*
de M. Ricard rappelle les types de Lawrence.
Elle a des perles aux oreilles, une robe en velours noir, de minces bouffants aux épaules, au
sinus de la gorge trois perles et un rubis, qui
semblent une parure de Gilles l'Égaré. Sa tête
est calme comme un sommeil d'enfant; les
seins s'éveillent sous le velours noir. C'est cette
pâleur d'adolescente, cette suavité de galbe,
cette pudeur dans l'œil, ce gras du contour,
cette poésie de première fraîcheur, ce teint pâle
comme une naissance de jour. M. Ricard excelle à ces idéalités vivantes, vivantes comme
la jeunesse. Son pinceau coule moelleux et
se plaît à la tendresse des demi-teintes, à la
transparence des ombres. Il caresse ses têtes à
la Marguerite, ces innocences de dessin et de
couleur. — (1093). *Portrait d'homme* d'un caractère tout prud'honien.

ROQUEPLAN (1109). — *La Fontaine du
Grand figuier.* — Un figuier, détachant son dôme
de verdure sur un ciel indigo, projette les découpures de son ombre sur des murs d'un blanc

jaune que déchirent, fendillent, lézardent une brique, un tesson, tout un chaud dessous de pierres calcinées. Autour de la fontaine, passent, vont et viennent, se pressent et babillent des femmes aux jupes rouges, aux chemises blanches. L'une est à attendre que son vase soit rempli, tandis qu'une petite fille est penchée sur la margelle pour voir couler le filet d'eau. Un groupe de laveuses joliment lié se dispose à charger sur la tête la cruche pansue. Il en est une de dos ; un étroit béguin est posé sur le sommet de sa chevelure qui descend en une longue natte sur un gilet rouge, un bras perdu dans le vase, la jupe relevée par derrière comme une soutane de curé ; c'est d'une vérité de pose incroyable. Elle a été prise par M. Roqueplan en flagrant délit de caquetage. Il eût voulu peindre une des trois commères de La Fontaine qu'il n'eût pas mieux trouvé. Le terrain râpeux, grenu, crépitant, prêt à se lever en poussière sous la première brise, étrangle une petite mare aux eaux roussâtres, où prennent le bain, avec délices, des canards. Dans un coin, à gauche, un montagnard, adossé à un angle de mur, dort en plein soleil avec une étroite ombre derrière

lui. Cette toile est inondée de soleil. La verdure
du figuier a cette crudité, le ciel cette intensité
de bleu que donne le Midi. Le pittoresque ba-
riolage des costumes, les lumières franches et
hardies, les ombres resserrées, ramassées, arrêtées comme par les cernées, font de cette toile
peut-être le plus lumineux de tous les tableaux
de M. Roqueplan, qui est arrivé à dominer victo-
rieusement le rouge et le noir, victoire sans laquelle Rubens disait qu'il n'y avait pas de grand
peintre.

ROUSSEAU (Théodore). — Au rebours de
l'artiste bien connu qui peint à Fontainebleau,
une hache à la main, et qui taille ses motifs,
M. Rousseau respecte ses paysages. Un peintre
nous a affirmé l'avoir vu, je ne sais plus où,
rattacher avec son mouchoir une branche cassée. M. Th. Rousseau, — un peintre de la petite
nature, — trouve que Dieu est un arrangeur
habile. Il ne cherche pas à inventer des lignes
plus sévères, à ennoblir les fourrés : il étudie en
toute naïveté, en toute sincérité, n'ayant pas
plus honte de dessiner le premier arbre venu,
que Lantara n'avait honte de peindre les bords

de la Bièvre. Il se préoccupe très peu du style, mais, en revanche, il se préoccupe beaucoup de la vérité. C'est un grand oseur, dont toutes les audaces n'ont pas nos sympathies, mais qui a poussé plus loin qu'aucun l'étude des plus délicates modifications du jour, et le rendu des plus difficiles jeux de lumière dans la verdure, par le matin, à midi, le soir, avant la pluie, après la pluie. — (1122). — *Paysage dans la lande.* — Une ligne de chênes verts, tout troués de jours qui laissent parfaitement deviner l'armature du branchage, un ciel d'un bleu froid avec les lourds nuages gris de la Hollande, encore tout chargés de pluie; les terrains touchés de ce pinceau nourri de couleurs, gras, glaiseux, herbus, contournent une mare qui reçoit les grandes ombres des arbres, et ne répète le ciel que dans quelques maigres éclaircies. Le n° 1121 est un effet qui ne plaît pas, mais qui a pour lui la réalité. Du milieu d'un ciel tout barbouillé de nuages gris s'épand un faisceau de lumière blanche qui argente tout le paysage, et promène sur les terrains, sur les arbres, cette teinte de cendre verte passée, que nous avons tous constatée après la pluie.

3.

STEVENS (1170). — Ils sont là cinq chiens roux, noirs, gris, fauves, aux têtes massives, aux crocs aigus, aux yeux sanglants, la langue pendante. Deux de ces molosses, musclés pour la barrière du Combat, aplatissent à terre leurs vigoureuses membrures, dans une pose de lévriers de tombes seigneuriales. Un est assis sur son derrière. Deux, arc-boutés sur leurs quatre pattes raidies par la fatigue, s'épaulent de la tête. Ils sont attelés à un chariot aux ais mal joints, où pèse une énorme pierre de taille couronnée d'un panier et d'un vieux chapeau avec une pipe passée dans le galon. L'attelage se détache sur un mur gris sale, où s'ouvre un égout, et d'où s'élance à gauche, sur un ciel chargé d'orage, un entre-lacs de branches tortillées, dépouillées de verdure. Le terrain est d'un jaune de boue, et comme trempé par l'averse du matin. Une composition sans charlatanisme qui arrête. La fatigue, la puissante musculature de ces charrieurs, M. Stevens les a traduites d'un faire ferme et ressenti. Mais M. Stevens tombe trop facilement dans le noir. Les pelages, couchés sous la brosse, n'ont pas le rebrousse-poil, le désordonné de la nature. — En somme, il y a dans la toile du peintre de Bruxelles, du Géricault et du Charlet.

TABAR (1172). — Une *Phryné* d'un sentiment plein de distinction, malheureusement à une hauteur que l'œil ne peut atteindre.

VERNET (Horace). — *Siège de Rome. Prise du bastion n° 8.* — Nous sommes loin de nier le talent de M. Horace Vernet. M. Horace Vernet a fait un charmant tableau de chevalet : *la Porte de Constantine.* Nul mieux que lui ne s'entend à ces grandes machines militaires. Voilà plus de vingt ans, plus de trente ans qu'il traduit nos gloires en tableaux. Il brosse avec prestesse, il masse par escadrons, bataillons, avec un sans-gêne, un entrain que nous sommes loin de méconnaître. Toutes les batailles l'attendent pour aller à Versailles. Encore une fois, ne lance pas qui veut cinq cents hommes sur une toile à l'assaut d'une ville, d'un fort, d'un bastion. Cela veut une ampleur de vue, une audace de main, une science de l'uniforme fort louables. Mais, entre un metteur en scène du cirque et un peintre, il y a grande distance. M. Horace Vernet tient le milieu. Le nouveau tableau de M. Horace Vernet est pour nous ce qu'il a fait encore de plus mauvais. Nous ne parlerons ici ni de la touche, ni de la peinture. Qu'il se soit servi de couleurs simples ou composées, cela ne vaut pas mieux qu'un paravent de papier peint. Nous ne parlerons donc de la nouvelle œuvre de M. Horace Vernet qu'au point de vue du mimodrame. Presque tout le monde convient que l'effet est complètement manqué. Les groupes sont disséminés. L'intérêt est éparpillé. L'action est partout et n'est nulle part. Et puis, le sujet a mené à mal le peintre français. Les costumes romains l'ont mené au gros mélodrame, en sorte que sa *Prise du bastion* n° 8 a l'air de la mise en scène en grand de *Fra Diavolo,* avec beaucoup de gendarmes. Le repas abrité des planches d'un confessionnal est une vieille ficelle, — que M. Vernet nous passe le mot, — bien usée. Nous ne quitterons pas cette grande page, comme on dit, sans rendre hommage à un superbe trompe-l'œil : un canon dans une tranchée à gauche, sur lequel donne un rayon de lune. C'est le pendant de ce fameux dessous de botte dans le portrait du Président, l'an dernier. Malheureusement, ces tours de force-là sont payés, selon nous, plus cher qu'ils ne valent.

ZIEM. — Le peintre de l'Adriatique, le peintre de ce fluide doré qui enveloppe la forme, sans l'estomper, qui n'enlève aucun lustre, n'amortit aucun contour, et sous l'obliquité des rayons du soleil fait tous les points lumineux et étincelants ; le peintre de Venise, qui sait se retrouver dans ces plans que la lumière précipite l'un sur l'autre, sans que rien les gradue, comme font les brumes du Nord, est allé, l'été dernier, à la recherche du soleil de la Hollande, et a surpris des couchers de ce soleil dont l'orbe lumineux, doublé ou triplé par les humides vapeurs de la terre des polders, allume dans le crépuscule comme un vaste incendie. — M. Ziem a rapporté de Hollande les n°s 1273 et 1274. Dans son *Coucher de soleil, au bord de l'Amstel,* une ligne d'arbres, interrompue de moulins, se découpe en une noire silhouette sur le ciel, mais une silhouette encore toute glacée de tons fauves, roux, pourpres, que le soleil laisse derrière lui. Le ciel jaune se dégrade par ces teintes vertes qu'on retrouve aux Véronèse d'à présent. L'azur est tout tacheté de nuages opalisés, petits nuages violets, éclairés de rose en dessous. Un canal, sans fluidité, voit s'allonger dans ses eaux dorées de grandes ombres violettes, molles, indécises, quand elles ne sont pas arrêtées par l'or d'un rayon de soleil qui filtre entre les bouquets d'arbres. De l'autre côté de la rivière, est ensevelie dans l'ombre une barque, au milieu d'eaux que la lumière et la chaleur ont désertées. Le froid de cette rive, abandonnée du soleil, vous gagne. — Dans le n° 1274, des eaux sombres, limoneuses, comme les affectionnait Ruysdaël, ne reflétant qu'à regret des images émoussées; une chaumière de briques, cachée sous des arbres frottés de roux; il y a comme à l'horizon un imperceptible brouillard rose; mais le ciel s'est dégagé des teintes chaudes dans sa partie supérieure, ouatée de petits nuages blancs. Il y a un silence, un repos dans ce tableau. On y sent comme l'assoupissement de cette grasse nature des Flandres. M. Ziem a eu le talent de faire mourir tous les bruits sous son pinceau. — Le n° 1272, la *Vue de Venise prise du jardin français,* est une des plus capitales conquêtes de de M. Ziem sur la ville de Canaletto. Au fond

de la toile des fourmillements de palais, des
forêts de dômes perdus dans les vapeurs, des
coupoles, des campaniles, des clochetons à ne
pas les compter, montent ou s'arrondissent, et
moutonnent à l'horizon blanc de lumière ; sur
des eaux truitées de rose, de bleu, de vert tendre, — miroirs amoureux des voiles argentées,
des carènes rousses, des pilotis tachés d'émeraude, — se balance une grande barque de
pêche, sa grande voile jaune endormie et pares-
seuse, enguirlandée de filets, qui laissent tomber leurs grappes de liège. Un groupe de pêcheurs étincelants retire un filet. — Byron, qui
n'avait trouvé dans sa vie, au-dessus de son
attente, que des mers, des montagnes, le lion
d'Ali-Pacha, un tigre de la ménagerie d'Exeter,
deux ou trois femmes, et qui se plaignait d'avoir
toujours trouvé la peinture au-dessous de la
réalité, aurait mis cette toile de M. Ziem à côté
de ce lion, à côté de ce tigre, à côté de ces deux
ou trois femmes.

GALERIE DE GAUCHE

ALIGNY. — Poussin, a-t-on dit, agrandit la nature, pour la faire aussi grande que son cœur. La nature sans doute fut humiliée de n'être pas trouvée assez grande; elle bouda l'artiste qui se méfiait d'elle et ne posa jamais pour lui. Que ce soient des dryades ou des pasteurs grecs, qu'il jette par les champs, ce sont toujours les mêmes lauriers-roses plaquant dans le ciel leurs feuilles digitées; ce sont toujours les masses nobles d'une campagne conventionnelle, des collines de tradition, des réduits bocagers, où Le Nôtre passera. Et les Anglais avaient beau nous dire Shakespeare; la Hollande, Ruysdaël, Hobbema, Berghem, nous continuâmes un siècle à mettre à la nature le manteau de nos tragédies. Claude Lorrain tira un feu d'artifice dans les décors du Poussin, et ce fut tout. — La main aux dames! C'est le *Départ pour Cythère,* pour les îles for-

tunées, les bosquets amoureux, les ombrages
bleu et rose-pommelé. Arlequin chassa les
faunes à coups de batte. A ces fêtes improba-
bles, le paysage devint impossible ; et les arbres, et les fontaines, et les allées ombreuses,
et les cimes perdues, et les parcs enchantés, et
les sites féeriques firent leur entrée sur un air
de chacone, conduits par le maître de ballet
de la comédie italienne, Antoine Watteau. —
Puis vinrent les paysagistes de bonne foi, qui
risquèrent à se crotter, qui allèrent un peu au
dehors, qui peignirent même un peu ce qu'ils
voyaient, qui s'émancipèrent du droit de toutes
les beautés qu'ils percevaient, qui trouvèrent
l'herbe drue et bellement verte, les arbres assez
noblement feuillus et branchus, les lignes de
toutes choses toutes superbes de naïveté et de
simplesse ; — école du XIXe siècle inaugurée au
XVIIIe par Vernet, qui commença à regarder, par
Lantara, qui commença à voir. — Mais qu'im-
portent vraiment à M. Aligny, Vernet, Lantara,
et Dupré, et Troyon ? M. Aligny croit au paysage
historique. Il croit qu'il y a dans la nature des
rotures et des mésalliances ; qu'il faut attacher
les feuilles par paquets comme aux boutiques

d'herboristerie ; que le paysage enfin doit s'inspirer de la noblesse du fait qui s'y passe, et qu'il doit s'y intéresser par la dignité de son allure, les grandes lignes et l'architecture héroïque de ses plans. — C'est un peu l'histoire des chevaux de Jules Romain, qui, selon la remarque de M. Charles Blanc, semblent prendre part au concile. M. Aligny n'a qu'un tort, selon nous, c'est d'avoir voulu faire la preuve de ses opinions par les numéros 3, - 4, - 5.

BONVIN. — Les sujets de M. Bonvin, naïfs et naturels, simplement conçus, heureusement rendus, nous remettent en mémoire ce mot du vieux Montaigne : « La poésie populaire et purement naturelle a des naïfvetés et des grâces par où elle se compare à la principale beauté de la poésie parfaite selon l'art, comme il se veoid es villanelles de Gaiscoigne. » Ne demandez à M. Bonvin ni chatoiement ni *strepito*. C'est le peintre des salles d'asile tranquilles, aux murs sobrement crépis, aux lumières tamisées, aux lignes simples votées par une commission municipale, aux couleurs monochromes ; c'est le peintre des sœurs de charité, des petites filles rougeaudes, aux robes bleues ou brunes. Ce qu'il doit vous donner, et ce qu'il vous donnera, c'est la vérité, la simplicité, le sentiment. — (140) *La Classe des petites*. Au-dessus de la porte est écrit : Première classe. La sœur est assise sur une petite estrade, devant une table couverte de serge verte, et lit un devoir. Sur le premier plan, une petite fille, les mains derrière le dos, un fichu rouge sur le cou, semble attendre le résultat de cette lecture. Espérons qu'on ne la fera pas mettre à genoux comme celle-là, sa camarade, en robe gros bleu, l'air contrit et les yeux à terre. Sur le banc adossé au mur, une petite fille, une monitrice, sans doute, à côté d'une petite amie, l'aide, — non pas encore à penser, — mais à épeler. Dans le fond, la porte à demi ouverte laisse entrevoir un panier sur une planche, le panier du goûter. — (139) *La Charité* (appartient au Ministère de l'intérieur). Sur un escalier, une sœur à coiffe blanche, à rabat blanc, au grand tablier blanc, au gros chapelet descendant le long de la robe grise, à la figure maigre et macérée, distribue une soupe qui fume. Derrière elle, une autre sœur tient une large bassine. C'est le matin. Les

femmes du faubourg, en serre-tête, en bonnets,
en fichus jetés en fanchon sur la tête, en casa-
ques et en jupons, un maigre tartan au dos, se
pressent, se serrent et tendent la main, chacune,
ou peu s'en faut, un petit marmot dans les bras
ou se traînant à la robe. Les bleus passés, les
étoffes usées, les moutards embroussaillés de
cheveux; les cabas rapiécés de morceaux de
cuir; les têtes de vieilles femmes résignées et
attendant, leurs tasses à la main; les mères im-
patientes, — non pas pour elles; les casaquins
roux et élimés; les bonnets en percale; le grand
mur grisâtre et d'un brun terreux, percé d'une
seule fenêtre grillée; tout cela est venu d'une
grande vérité. Toutefois, nous reprochons à
M. Bonvin de tenir ses carnations sales, de ne
pas débarbouiller, de parti pris, les petits personnages de ses scènes scolastiques, de chercher les éclats de couleur sans franchise, d'af-
ficher une uniformité de tons sourds, d'éclairer
avec une lumière de cinq heures du soir en
hiver; enfin, de ne pas assez se rappeler que son
maître Chardin a toujours tenu sa palette propre, et que, dans ses bons tableaux, les chairs
sont lumineuses, et que les ombres blondes ne

trouent jamais la toile. Nous dirons encore à M. Bonvin, pour le lui rappeler, — car il le sait, — que ses toiles ont des négligences, des abus de facilité, et que certaines figures de fond sont fort désappointées de n'être pas peintes un peu davantage.

C'est un regret pour nous de voir M. Bonvin abandonner son premier maître pour passer à l'école de Pierre de Hooghe, dont il exagère les défauts et le manque de lumière.

BOULANGER (Gustave) (154). — *Démocrite enfant.* Sur un gazon, un enfant brun, les coudes sur les genoux, le menton appuyé sur les mains ; au fond, la mer ; au-dessus de la mer, un ciel tendre avec des traînées de taches violâtres. Un essai académique d'allégorie psychologique.

DESHAYES (348). — Paysage du Dauphiné où les qualités du coloriste gris tendre se retrouvent tout entières, mais dans une composition moins heureuse que toutes celles que nous connaissons de lui.

DUBUFE (Claude-Marie) (378). — *Un Taureau et une Vache; site de Basse-Normandie.* Vérita-

4.

ble dessus de buvard écossais, avec des lumières en nacre.

FRANÇAIS (499). — *Une Coupe de bois.* — M. Français se plaît aux effets d'automne. Il aime les éclats de verdure amortis et perdus en teintes fauves, les arbres dépouillés aux mousses jaunes, les feuillages mordorés. Il aime les ciels froids, ne montrant qu'une langue bleue au milieu de nuages ardoisés. C'est ce ciel froid, cette végétation mourante, que M. Français a mis dans sa *Coupe de bois.* Le feuillé a perdu sa première densité ; l'air circule librement dans ces masses, que la chute des feuilles commence à faire aériennes. Les branches s'accusent, les allées s'enfoncent, les percées se préparent. Un bouquet de feuilles d'or s'agite, bruyant, au squelette tortillard d'un arbre mort. Le tapis vert des terrains s'enterre sous l'humus roux qu'amoncelle la feuille desséchée. C'est une peinture sage, serrée, sans empâtement, mais vraie, mais tout imprégnée de ce sentiment de tristesse, qui vous prend à traverser les grands bois par le mois d'octobre, à l'heure où le bû-cheron ramasse ses instruments. — (500) *Le*

Soir. Un feu d'artifice de nuages roses, orangés, violets, sur un ciel de turquoise pâle; les masses de verdure du fond sont toutes glacées de tons pourprés, et les arbres, et les eaux, et le ciel, tout se fond dans les lueurs chaudes d'un embrasement. De l'angle d'un temple en ruine, placé à gauche, descend et s'effiloque tout un premier plan de broussailles, faisant zigzaguer sur le ciel leurs tortils d'un vert éblouissant. Une canéphore remonte le coteau et découpe une blanche silhouette sur ce ciel d'apothéose. — Encore un thème favori de M. Français, un refrain de son talent : des saules, de l'ombre, et sous les saules et dans l'ombre, deux amants, deux heureux. Des parfums de populage se promènent sur la rive fraîche. La prairie, à peine mordue d'un étroit rayon de lumière, est toute pleine de verdure, du vert froid d'un pâturage du nord. Les saules font dôme. A l'horizon, à travers les colonnades torses des saules excoriés, on aperçoit le ciel tranquille et son azur endormi. C'est tantôt Bougival, tantôt Meudon; c'est toujours le poème de l'Amour au bord de l'eau, de l'ombre et de la nature complices, du baiser de la rivière qui baigne ses bottines, à l'insu d'elle-même, aux chants des oiseaux. Tous ces couples qui s'envolent de Paris, par toutes les barrières, les jours de fête, affolés et sautants, M. Français les suit, sa palette en main, les suit et les suivrait au bout du monde, iraient-ils un peu plus bas que Sèvres. Et quand ils croient que personne ne les voit, pas même le soleil, que personne ne les entend, pas même la Seine, M. Français est là qui peint ces amours au fil de l'eau, qui peint son n° 501, — *Sous les saules.*

GENDRON (529). — *Tibère à l'île de Caprée.* — Le Trimalcion de Caprée a pour oreiller le ventre d'une femme dont le genou arrête sa main gauche. Son autre main pose, crispée comme une serre, sur le front blanc et la chevelure blonde d'une autre femme qui dort, la bouche entr'ouverte avec un sourire d'argent. Tibère abandonne une de ses jambes, qui déborde le *triclinium*, aux mains d'un petit Égyptien, un pédicure d'Alexandrie, *Alexandrina merces.* La couronne de roses qui se fane à ce front décharné, les sourcils rapprochés, le nez busqué et vulturin, la bouche aux deux coins baissés et sans lèvres ; à chaque côté de la bou-

che une prise de rides profondes, et toute l'i-
nerte lassitude du corps, disent les débauches
de sang, un ennui de vivre et de pouvoir. C'est
un regard sans pardon, c'est une tête sans re-
mords. La symphonie chante et monte ; Tibère
reste implacable, l'œil muet, tournant le dos et
la pensée à ceux qu'on voit là bas jeter à la mer.
Le galbe des deux femmes. l'une brune, l'autre
blonde ; la pose pleine de chatterie de la dernière, dont le bas du torse se dérobe dans l'ombre, sont d'un charme et d'une distinction remarquables. L'ordonnance de l'ensemble, le
choix des accessoires, l'économie de la lumière
qui rayonne sur un coin de chair, au centre du
tableau, mettraient M. Gendron au premier
rang, s'il pouvait sortir plus franchement des
tons éteints de la fresque. — (530) *Francesca et
Paolo passant aux Enfers*. Francesca est drapée
dans un mouvement de grâce et de désespé-
rance ; le nautonier Caron est d'un beau caractère, la mise en scène suffisamment dantesque,
mais nous avions encore devant les yeux les
ondoyantes figures d'Ary Scheffer. — (531) « Sur
les coteaux, dans les vallons, à travers bruyères
et buissons », à travers les bois, au-dessus des

fontaines, au travers des feuillages tout trans-
percés de filtrées de soleil, dans l'ombre et la
lumière, ils se balancent, ils se poursuivent, ils
volent et s'embrassent, et passent par les ber-
ceaux de verdure, les cimes proches de l'azur,
ils passent, ils glissent, les sylphes au pied léger! C'est midi. Mais « que la langue de fer du
minuit parle douze fois », ce seront les willis,
amantes des eaux, qui danseront au-dessus des
lacs et glisseront sur les joncs penchés. Ce seront les rondes au clair de lune, sur un rhytme
inconnu, sur une musique que seul le grillon
entend! Elles se dérouleront, les willis, sous les
pinceaux de M. Gendron ; elles s'enrouleront
comme des couleuvres, penchées l'une sur l'autre, enlacées et voltigeant sur les vapeurs noc-
turnes, légères comme des rêves. Les amours
d'Obéron et de Titania, voilà le vrai poème de
M. Gendron. C'est Puck qui lui nettoie ses cou-
teaux à palette, le matin; c'est Fleur-des-Pois
et Toile-d'Araignée qui sont ses modèles. —
Mais cette année, c'est Midi. Les sylphes aériens,
l'un surtout, dans une longue robe blanche, au
profil séraphique d'un ange de Fiesole, les sylphes passent dans la forêt et baignent dans les

feuilles et baignent dans le soleil! Et toujours les étoffes flottent comme des linceuls d'âmes ressuscitées! Et en ces fantômes du jour qui s'aiment dans le prisme émeraudé, c'est toujours même éthérité.

HAMON (607). — *Comédie humaine*. Un guignol pompéien. Une Minerve en carton aplatit sur la rampe, à coups de bâton, un Bacchus pantin fort peinturluré. La poupée de l'Amour est dûment pendue à la potence. Un cercle d'enfants est assis au bas de la comédie, les uns avec des chemises, les autres sans chemises; ceux-ci en bourrelets, ceux-là embéguinés, et tous regardent. Les bonnes d'enfants sont Diogène, Virgile, le Dante, qui prend des notes, Homère, peut-être bien Henri IV, peut-être bien Louis XIV ou le grand Condé; et dans cette *olla podrida* des siècles et des mondes, des choses et des hommes, entendez les trompettes : c'est César advenant avec les armées du monde; c'est le tonneau du cynique qui heurte la Chouette, la Chouette des *Mystères de Paris,* adossée à la baraque, un madras jaune sur la tête, une aiguille à tricoter dans les cheveux, à côté des vétérans qui chan-

tent le fameux chant : *Mœchum adducimus cal-
vum ;* c'est la bouquetière de Tortoni qui offre
la violette à Béatrix : « Fleurissez-vous, Madame! » Grecs et Romains, et Romains et modernes, et modernes et contemporains, robes
et chlamydes, et Virgile et Eugène Sue! —
Ce cauchemar cosmopolite et chronopolite,
qui semble calqué sur ces pièces de vers du
XVIIIe siècle, appelées galimatias, — originale
poésie où Louis XV madrigalisait Esther, où
Sémiramis séduisait saint Luc, — est éclairé
d'un jour d'éclipse. Deux teintes seules, le jaune
blafard et le violet, se partagent la palette de
M. Hamon. Le dessin est mou, lâche, flottant.
Les enfants, empâtés de contours, affectent les
rondeurs du balustre. La vue est choquée à
chaque objet par d'incroyables inexpériences
anatomiques. Nous citerons, comme exemple,
l'Homère et le bras du voisin, qui soutient un
masque tragique. Une dernière remarque : les
personnages de M. Hamon n'ont pas d'yeux ; ils
ont l'air d'avoir une taie grisâtre sur la pru-
nelle ; nous leur souhaitons sincèrement à
tous les ouïes du poisson, qui guérirent le vieux
Tobie.

HOFER (639). — Une noire chevelure, nimbée de la soyeuse natte que les mères roulent avec amour sur la tête de leurs jeunes filles ; un front aux saillies lumineuses ; des carnations toutes pourprées de ce jeune sang qui court sous cette peau veloutée ; des yeux bleus estompés de longs cils noirs ; une bouche ardemment vermillonnée, vous représentent Mlle Madeleine Brohan au matin, en déshabillé : un pardessus de velours noir, aux revers bleu de ciel, croisant sur la dentelle d'une chemise discrète. — Pourquoi M. Hofer, dont le grenu de la chair, dont le modelé large et plein de rondeur vitalisent les portraits, a-t-il, dans le bas de la figure, laissé des dessous trop violents pénétrer les glacis et bleuir le menton des tons d'une barbe fraîchement coupée ? — Félicitons toutefois la charmante actrice d'avoir eu l'audace de frapper à la porte de l'école de Couture, quand les portraits de M. Dubufe ont tant de vogue dans le monde des jolies femmes.

LACROIX (Gaspard). — Les paysagistes s'en vont bien loin chercher des paysages. Les uns vont en Espagne, — et nous espérons bien un

jour faire comme eux, — et rapportent les murs
roussâtres et blancs, tachés d'ombres de gita-
nas, les silhouettes de Cordoue, les désolations
de l'Escurial et les figuiers tordus. D'autres vont
en Écosse chercher les verdures humides, les
lointains pluvieux, les fraîcheurs de la nature
mouillée. Decamps, Marilhat, s'en vont en
Orient et le rapportent tout brillant, tout pou-
droyant, comme ces papillons qu'on rapporte-
rait sans effleurer son lumineux duvet. Il y a
quelque temps, Dupré et Rousseau s'en sont
allés faire prendre à leurs pinceaux l'air des
Landes. D'autres encore s'en vont chercher leurs
paysages dans Théocrite ou dans Baour-Lor-
mian. Et pourquoi si loin aller, chers maîtres?
Défaites vos malles, et faites un sac de nuit.
La Seine et la Marne et le Morin sont là; les
saules à la dérive, les jeux d'ombre sur l'herbe,
le ciel en fête, tout le poème vert et bleu, vous
le trouverez là aussi. C'est le n° 737, — *Vue
prise sur les bords du Morin (Seine-et-Marne)*,
— qui nous faire dire cela. Voyez la belle prairie, touffue, attrempée par la rivière; comme
les moires de l'eau, où baigne l'ombre des arbres, frissonnent dans l'ombre! Comme là-bas

la petite maison blanche, derrière son rideau de peupliers, sourit gentiment! Il y a comme un dimanche dans cette idylle sur toile. — Maintenant que M. Lacroix a découvert le Morin, il jettera aux orties, nous l'espérons, les *Mercure endormant Argus;* il continuera de chanter les naïades inconnues de la pauvre petite rivière. Nous lui indiquerons, s'il veut, tout près de Couilly, une sorte de ravine, appelée la Vallée du Diable, tout emmêlée d'arbres s'enlaçant l'un à l'autre comme dans une forêt vierge, et qui s'en va jeter au Morin un petit ruisseau qui chante au fond, sur un lit de cailloux.

LAUGÉE (776). — *Siège de Saint-Quentin.* — Une furieuse dégringolade, un chaos d'armes, de blessés, de soldats, de reîtres, qui glisse, qui se cramponne, qui perd pied, qui croule; tout en bas, contre le cadre, un homme, qu'on voit de dos, en jaune, le justaucorps déchiré, lancé dans le vide, qui empoigne une pierre, s'y retourne les ongles, et tombe; au-dessus de lui, un autre, renversé sur le coude, brandissant un tronçon d'épée, ajusté et de près, et qui va le rejoindre ; et la mêlée, et les arquebusades, et les hommes, et les hallebardes, et la muraille qui s'effondre, et les poitrines qui saignent ! — Tous les personnages de M. Laugée sont d'un superbe lancé. Il a précipité son avalanche avec une grande fougue ; tout le monde reconnaît l'entraîné et l'emporté de son culbutis. En dehors des qualités d'agencement, M. Laugée peut revendiquer des qualités de coloriste, et du meilleur coloriste. Sa toile a une fleur, un agrément de tons délicieux. Le gris, le jaune soufre, le bleu tendre, le rouge carmin, qui dominent, se marient harmonieusement par tout le tableau, lumineusement égayé.

MOREAU (Nicolas) (937). — *Frisette,* jument demi-sang. Une jument dans sa *box,* un petit bouledogue jouant dans la paille à côté d'elle, aussi adroitement touchée qu'une étude d'Eugène Lami. M. Moreau est en droit d'illustrer, lui aussi, le Livre d'or des gloires chevalines.

NOEL (968). — *Vue prise en Bretagne.* — Sur un rocher gris qui mouille dans l'eau, un grand bouquet d'arbres monte dans le ciel bientôt crépusculaire. La rivière s'enfonce dans le fond, bleuâtre et froide sous la verdure. M. Noël a voulu rendre ces effets de soleil couchant qui prennent un arbre à mi-hauteur, et l'éclairent jusqu'en haut, en traçant sur tout le massif, à l'endroit du passage de la lumière à l'ombre, une ligne nette, précise, et comme tirée à la règle. Le parti pris du clair et de l'obscur, le contraste de tout le bas du tableau déjà frais de la nuit, avec le haut doré des adieux du soleil, sont étudiés, sont réussis.

OUVRIÉ (Julien). (978) — *Vue prise à Londres.* — (979) *Le Château de Windsor.* — (980) *Vue de l'église d'Hastings.* — Que M. Julien Ouvrié revienne bien vite à l'aquarelle! Il n'est que temps.

RICHAUD (1094). — *Saint Sébastien.* — Belle étude anatomique d'une chaude couleur et d'un pâteux de pinceau gras et hardi.

VIGNON (1249). — Dans le demi-jour d'une cuisine, une grosse fille, de cette touche franche et carrée qu'a Béga, passe le torchon sur de la faïence. La lumière glisse, argentée, sur

les assiettes essuyées. La robuste laveuse, tout
embesognée, n'a l'air de regretter aucune ba-
ronnie et n'a rien sans doute de la mauvaise
humeur de Cunégonde, dépaysée aux cuisines.
Notre laveuse est tout à son ouvrage, et ne se
retournerait pas, même à entendre Radichio, le
Radichio du *Philosophe* d'Arétin, s'écrier :
« Quant à mon goût, tout est niaiserie, excepté
vos grosses joues cramoisies ! »

GALERIE DE DROITE

BESSON (Faustin) (102). — *Jeunesse de Lantara.* — Ce n'est plus l'orgie de Wattier, le régent qui trinque, les portes fermées, pour qu'on ne laisse pas entrer la France, cette pauvresse ; ces soupers gigantesques et monstrueux où le squelette d'argent de Pétrone était remplacé par une duchesse servie dans un plat de cresson, où tous traduisaient de si charmante façon le : *Quam homuncio nil est,* où les paroles se disaient si près de l'oreille qu'elles semblaient des baisers. — Jupes rayées, mines grivoises, faces rubicondes, moine pansu et paillard, le garde-française traditionnel, — rien ne manque au tableau de M. Besson de ce XVIIIe siècle à la Schlesinger, qui court les ateliers après avoir couru tous les vaudevilles. M. Besson a voulu manier la boîte à mouches des populaires gaietés. Un Ramponneau de décor, un violon qu'on racle, les de-

moiselles, — peut-être rubannières chez Beau-
lard, les messieurs, — peut-être peintres : l'un
dessine, — peut-être amoureux : tous regardent ;
les verdures qui frissonnent sur les branches
d'arbres aux mesures de la *courante ;* ce gros
vieux père, le nez moucheté et embubeleté de
rubis, l'œil heureux, la main caressant le broc
bienfaiteur ; ces ritournelles, ces désirs, ce
jardin, cette triple chanson de la musique, de
l'amour et de la nature, — tout cela n'est pas
venu. M. Besson a échoué à vouloir faire le roi
d'Yvetot aux Porcherons. Cette grande toile de
boudoir, qui a l'air d'une toile de Giraud, peinte
par Verdier, est tripotée de tons vifs et violents
sans sourdine. Les figures, invraisemblablement
imbriquées dans cette mosaïque crayeuse, font
crier le tableau d'un bout à l'autre. Sans doute,
M. Besson a certaines qualités de coloriste. Il
égratigne une étoffe avec autant d'audace que
de bonheur. Les empâtements le connaissent.
Sa coulée du jour sur le tonneau à gauche, on
la dirait prise sur la palette de Diaz. Mais les
qualités de coloriste de M. Besson ne compen-
seront jamais, selon nous, la conception vulgaire
de son opéra-comique.

BLIN (122). — Des fonds vaporeux ; mais toutes les rugosités granitiques des roches de premier plan adoucies, corrigées, blaireautées.

COIGNARD (272-273). — Il vous est peut-être arrivé, — une fois dans votre vie, — de manger chez un grand personnage, dans d'affreusement belles assiettes de Sèvres moderne, historiées de pâturages. Les effets de soleil de M. Coignard ne vous ont-ils pas fait souvenir des Paul Potter de porcelaine ?

COURDOUAN. — M. Courdouan a éclairé son n° 295, *le Soir sous les pins,* d'un feu de Bengale. — Que nous aimons mieux cette limpide marine de la Maison-Carrée : la rade de Toulon, un fouillis de barques, un entassement de filets, un monde fourmillant de pêcheurs sur les canots, dans la mer, sur les roches ; des arbres à troncs tourmentés d'où s'échappent des fusées de branches, et pour dernier plan, une mer bleuissante !

DELESSARD (330). — Une étroite gorge s'enfonce entre deux murs de roches grises qui poussent leurs pitons au ciel. Au bas une tribu d'Indiens campe dans la broussaille. Une fumée bleue monte, légère. D'une des parois ardues file, pour s'ouvrir en éventail et les branches comme dessinées sur un fond d'or, un arbre aux grappes de verdure cernées du rouge orange d'un soleil couchant. La couleur grisâtre, les fissures, les ressauts, les éraflures, les exfoliations, les cassures, tout l'accidenté rocheux, donnent à la *Gorge des Cat's-Hill* — où se retrouvent les qualités de M. Balluc, moins le papillotage, — tout le charme et tout le sauvage d'un décor de Cooper.

DESJOBERT (349). — Un scieur de pierres, entouré de pierres sciées ou à scier, au grain lâche et sans éclat, puise d'une main indolente l'eau pour verser où la scie mord. Le paysage est froid, septentrional, abandonné, désolé comme un daguerréotype des boulevards extérieurs. Trois arbres rachitiques agitent une centaine de feuilles à eux trois, au bout de leurs perches tordues. Les terrains jaunâtres et misérables, dépouillés de terre végétale, s'étendent sobrement brossés. Le ciel, bleu, froid, est tout frotté de nuages gris. Le manœuvre travaille en homme qui est payé à la journée, et qui trouve la journée froide et longue. Homme, pierres, arbres, ciel, terrain, tout a été pris sur nature, tout a les qualités d'une étude vraie. Ce sont bien là les durs travaux de l'homme du peuple, en plein air, sous nos tristes latitudes.

LANDELLE (760). — Nous allions oublier M. Landelle. Ce n'est pas que M. Landelle n'ait dépensé dans celle de ces *Béatitudes* qui porte pour épigraphe : « Bienheureux ceux qui ont le cœur pur, parce qu'ils verront Dieu ! » du talent et de la distinction. C'est une très jolie chose que la tête de la jeune femme à robe rouge éclairée de jaune dans les lumières ainsi qu'une robe de Rubens. — Mais faut-il le dire? selon nous, la peinture religieuse n'est plus possible maintenant : oui, la peinture religieuse des siècles croyants, cette peinture convaincue et recueillie comme la prière, elle est morte avec ce qui est mort. L'art gothique, quand il est remonté au ciel, a emporté dans son manteau la peinture catholique. Saint Pierre est un simple païen, et les Vierges de Raphaël, et les

Charités, les admirables Charités d'André del
Sarte sont déjà plus femmes que Vierges : elles
sont belles. Ce ne sont plus des Mères de Dieu
trouvées dans l'oratoire. Les seules Vierges
sont les Vierges de Memling. Aujourd'hui, en
notre XIXe siècle de foi constitutionnelle, on
ne peut pas plus faire un tableau religieux que
bâtir une église. Qu'on essaye l'une : on aura
Notre-Dame de Lorette. Qu'on essaye l'autre :
il viendra sur les toiles des images de kepseake.
Que le peintre s'en rende compte ou non, il est
toujours, comme le poète, écho. Il a beau s'enfermer en son cœur et s'écouter lui-même, c'est
encore la voix de son siècle qui parle en lui.
Toujours le courant des idées qui l'entourent
l'emporte à son œuvre. Voyez la corrélation et
le superbe enchaînement des choses. En pein-
ture, le XVe siècle s'appelle Van Eyck ; le XVIIe,
Poussin ; le XVIIIe, Watteau ; 93, David ;
1800, Gros ; 1830, Delacroix ; 1848, Couture.
Plus n'est le temps des Notre-Dame de Paris,
plus n'est le temps des Agneaux mystiques. —
Notre moderne peinture vient de Rembrandt :
elle est athée et matérialiste. — Plus n'est le
temps des ravissements de Fiesole ; plus n'est

le temps des chrétiennes modesties où le peintre mettait au bas de ses œuvres : *als ickh Kan*, comme je puis ; et dans nos ateliers sans buis bénit, les pinceaux ne s'agenouillent plus. — Maintenant, regrettons-nous le symbolisme mystique de la peinture ? Non ; et nous dirons avec un critique, — fort admirateur des vieux symbolistes au reste : — « Les symboles dans le vivant domaine de l'art occupent la dernière place. » Non ; à la plume, l'idéal ; au pinceau, le réel. La route est fausse des allégories, des croyances qu'on essaye de faire palpables aux yeux ; la route est fausse de vouloir mettre une idée dans une ligne, une idée dans une fleur, un mythe dans une toile. Orsel est mort à ce métier-là.

LEGRIP (804). — *Vue prise à Neuilly-sur-Marne.* — M. Legrip relève d'une touche originale ces bords tristes de nos rivières parisiennes, ces bords tout pleins d'usines, rivages pelés, plats, maussades, avec un arbre de trente pas en trente pas sur le chemin de halage, une île avec un bouquet de verdure de loin en loin, rivages où les fabriques donnent la main aux fabriques,

6

cheminées de briques aux fumées noires, bouchons barbouillés de rouge, casernes industrielles, masures rapiécées de planches, littoral avare, tout encombré de bateaux mariniers et de travaux de débardeurs.

LOUBON (849, 850, 851). — Les voilà, ces terrains brûlés des steppes méridionales; les voilà ces calcaires poudreux, ces dalles grisâtres et cendrées, desséchées comme un lit de torrent, comme la rive du Gardon sous le pont du Gard, avec un lacis d'ornières et de crevasses jaunes; le voilà, cet azur rayé de blanc ; la voilà, à l'horizon, la Méditerranée bleue ; le voilà tout ce pays d'Aigues-Mortes et des Cabanes. Qu'elle se déploie maintenant, la caravane de moutons et de béliers! Qu'ils sautent, qu'ils jappent, les chiens blancs au grand poil. Que de loin en loin on voie sur cette houle laineuse dominer quelque mulet chargé d'outres, de barils et de gourdes! Que les béliers marchent en pionniers, une sorte de collier au cou avec un pot et une pierre après pour sonner le chemin! En marche, chevaux et moutons et bouquins! En marche, l'immense troupeau ! Et que ce soit le départ ou le retour, qu'on s'en aille ou qu'on revienne, M. Loubon lève toujours avec le même talent ses tourbillonnements de poussière blanc-doré. Il plaque toujours aussi vigoureusement les ombres sur le terrain fendillé. Il fait lever toujours aussi léger, en colonnes balayées, le sol friable et le sable tamisé des collines grises. Que ce soit le *Troupeau en marche* ou le *Souvenir du Var,* que le gros chien blanc tire la langue, fatigué de sa garde, que la brebis reste en arrière avec son mouton, et qu'on voie là-bas sur une langue de verdure, des maisonnettes d'argent, ou bien que chiens et brebis et moutons se pressent, se bousculent et s'avancent pêle-mêle, ou que ce soit une tranquille marchée de bœufs ou une femme au fichu rouge en tête du convoi, — c'est toujours les chaleurs et les réverbérations et les blancs poudroiements du Midi.

LUMINAIS (859). — *Pêcheurs de homards.* — Une mer ardoisée qui jette sa poussière humide aux dentelures des rochers, et fait une bruine lumineuse sur fond sombre ; des granits luisants de mouillures, tapissés d'algues trempées et pendantes ; au milieu de ce paysage, tout bretonnant, un groupe de jeunes Bretons. L'un, agenouillé à terre, tenant d'une main, aplati au sol, un homard qui se débat, de l'autre enfonçant une pince de fer dans une fissure de rocher ; son camarade, debout, fait levier des deux mains ; une petite fille, la chemise déchirée, une folle chevelure blonde se dénouant au vent sous une coiffe bleue, regarde et sourit. Il y a du goût dans l'ordonnance du groupe, une habileté incontestable dans les terrains ; les touches s'assemblent les unes près des autres sans se noyer ; les carnations vivaces et comme fouettées de l'air salin s'emportent en cette fleur de santé et de coloris qui fleurit aux joues des enfants de l'Océan ; les vieilles étoffes grises, bleues, rouges, des braies, de la jupe, des vestes, sales, fatiguées, rapiécées, viennent bien sur le gros grain de la toile conservé et à peine recouvert. La critique, si elle voulait être sévère, n'aurait guère à reprocher à M. Luminais que le manque de relief, un peu de lourdeur dans le dessin, surtout dans les extrémités, un abus d'yeux pochés, un abus de tons sales dans le dessous de ses figures.

— (860) Assis sur la berge, appuyé sur la grande gaule de *saule brun,* un vieux pâtre de *Tréguier* qui a chanté bien des automnes aux enfants l'*Aliké,* regarde longuement, dans le lointain noir d'orages, ses brebis blanches. Le vieux pâtre, la tête tournée vers la lande, ne présente qu'un profil de barbe et de cheveux : figure sans âge et mélancolique que ce paisseur ! Decamps lui ferait volontiers ramener ses troupeaux emboués et battus de pluie.

PALIZZI (981). — Des balayures de nuages violets s'éparpillent dans un ciel de cobalt. Une lumière douce, limpide, éthérée, illumine toute la toile obscurcie en ses ombres, comme des brouillards transparents du matin. La verdure tapisse les terrains du vert tendre des premiers bourgeons. Au loin dans le pré, là-bas, il se traduit ce vieux chant populaire :

Voici le temps nouveau de retour avec le mois de juin, le temps où les jeunes garçons et les jeunes filles s'en vont promener ensemble.

Les fleurs se sont ouvertes aujourd'hui dans les prés, et les cœurs des jeunes gens aussi, en tous les coins du monde.

Voici que les aubépines fleurissent et répandent une

agréable odeur, et que les petits oiseaux s'accouplent.

Venez avec moi, douce belle, vous promener dans les bois; nous entendrons le vent frémir dans les feuilles.

Et l'eau du ruisseau murmurer entre les petits cailloux, et l'oiseau chanter gaiement à la cime des arbres.

Venez avec moi, douce belle, lui dit le jeune homme sur les lèvres, — au loin, dans le pré, là-bas. Au premier plan se groupent, ainsi qu'en une entrée de l'arche par Castiglione, des chèvres qui se lutinent, un dindon qui fait la roue, des poules qui courent dans la pose coquettement penchée d'une patineuse, un âne qui brait, tous accueillant le retour du printemps, tous accueillant le retour de l'amour, de cette joie, de ces coquetteries, de cette fébrilité amoureuse qui s'emparent de la création. Ce poème de Lucrèce est grassement et largement peint; les terrains ont le dru de l'herbe feutrisée; les animaux, peut-être coupables d'un certain manque de proportions, semblent pris sur le fait; — et puis il fait du printemps dans cette toile. — (982) Une troupe de béliers agglomérés se pousse, se frotte, saute, joue de la tête. Il en est un qui jette un long bêlement au ciel ; un autre fait la sieste en vrai lazzarone ; un dernier, jeté comme une vedette de Salvator, monte la garde autour de ces ébats. La science du dessin, la façon du laineux, du frisé, du tassé, du tire-bouchonné des paquets filamenteux de la toison, la couleur gris sale tout inondée de graisse, la vérité des têtes, la physionomie méditative des plus vieux de la bande, mettent M. Palizzi au premier rang de nos peintres d'animaux.

PASCAL (991). — *Vue prise au Jean-de-Paris*. — Pastiche heureux des toiles désolées d'Everdingen.

SERVIN (1163). — *Intérieur d'alchimiste*. — C'est le sujet consacré ; l'alchimiste près d'un fourneau, entouré de cornues piquées de lumières, de tubes, de bassins, de livres, de fioles multicolores. Tout ce mobilier occulte, ce fouillis de cuivre et de verres, de flacons et d'alambics, de tubes, de serpentins, de récipients, M. Servin l'a fort habilement traité : les cuivres reluisent, les résidus sanguinolents s'allument, les cristaux s'étoilent, tous à leur plan. Cela est d'un bric-à-brac très abracadabra,

et encore d'une très bonne touche de pinceau.
Mais que diable M. Servin est-il allé faire dans
cette composition passée en proverbe, où le
poncif s'impose aux plus jeunes et aux plus
vieux coloristes? Que ne nous donnait-il plutôt
l'intérieur de cette pharmacie où il est allé travailler pour son tableau, cette esquisse toute
simple, avec les garçons préparateurs en tablier, fatrouillant et perdus dans les cornues et
les alambics? — M. Servin, qui, malgré son
tableau quasi historique, est peut-être un des
avenirs de notre jeune école de paysage, n'est
pas homme, nous croyons, à rester dans une
voie battue. Nous lui crierons : Courage! et à
l'année prochaine!

YVON (1270). — *Un Ange déchu.* — Sur des
tranches de granit violacées, un grand ange
charnu est assis « aussi nu que l'hiver », le
corps incliné en avant, la tête penchée, le bras
droit appuyé sur le roc. Derrière lui, ce sont
des flammes rouges, « un vaste abîme sans
fond, sans limite, tout plein de soufre ardent,
dont la flamme courroucée et la chaleur dévo-
rante fondraient la plus dure pierre à aiguiser ».

Les tons ignés se dégradent en un fond émeraude pâle, sur lequel se détachent, maigres et ébarbées, les ailes du séraphin déchu. L'académie de M. Yvon n'a rien de l'épique de Michel-Ange, rien de l'épique du Dante. Pourquoi M. Yvon ne nous donne-t-il pas de ces beaux dessins de désolation et d'épouvantement, des mers mornes où ne surgissaient que des mains crispées? Pourquoi ne s'est-il pas tenu à ces beaux dessins, crayonnés de noir, éclairés de lueurs funèbres, à ces dessins de l'éternelle douleur, dans un ciel sans étoiles?

GALERIE DU FOND

BRION (184). — *Le Chemin de halage.* — Un ciel faiblement azuré se dégrade à l'horizon en teintes d'or pâle. Des fonds d'arbres violets aux masses indécises et flottantes épandent dans des eaux nacrées leurs ombres molles. A droite, une petite chaumière aux tuiles roses se masque d'arbres aux découpures noyées et vagues. Une jolie verdure tendre, fraîchie de rosée, envahit sa palissade. Trois hommes avec une longue ombre allongée devant eux, tirent péniblement le bateau auquel ils sont attelés. Le premier, le chapeau sur la figure, sa veste blanche cerclée d'une ligne de lumière d'un piquant effet. — M. Brion a rendu *con amore* les matinales luttes du soleil, lorsqu'il commence à balayer de sa chaude lumière ces voiles blancs qui enveloppent la nature comme d'un tissu de *fils de la Vierge.* Il a rendu ces teintes gorge de tourterelle des lointains, ce vague, cette indécision, cette absence de lignes, cette figuration cotonneuse, le brouillard humide, tout ce moment du jour trempé de lueurs emperlées. Sa toile est un daguerréotype réussi du matin.

DESGOFFE (345). — Sur un terrain bouleversé comme un lendemain de cataclysme, chaos granitique raviné d'effondrements et d'éboulements, coulée de lave qui a gardé sous des tons gris les dessous ignés d'une éruption volcanique, se dressent, d'entre les rocs fissurés, quelques arbres au feuillage grêle et grillé comme la floraison du tilleul. La noire silhouette d'un anachorète se détache d'un ciel incendié.

DEVILLY (360). — Au premier plan, ce sont des Arabes, les mains liées derrière le dos, Turcs en burnous, celui-ci en foutah rayé de bleu; à côté un cheval avec une selle marocaine relevée d'agréments verts, où sont accrochés des yatagans. A droite on voit grimper nos troupes; les képis rouges s'étagent les uns au-dessus des autres. Au fond, sur une rampe gra-

nitique qui côtoie les rocs à pic, toute la cava-
lerie lancée au galop rayonne dans la poussière.
Le tableau de M. Devilly est bon de composition
et d'effet. Les plans fuient, les soldats montent,
le lointain poudroie, les clairons sonnent, les
Arabes s'effarent là-haut sur les montagnes :
tout cela d'une grande vérité et d'un grand
mouvement. Sauf le cheval du premier plan,
tout le tableau est bien touché. Le type des
chefs des O-Si-Yaia-Ben-Thaleb-Sa est parfaitement exprimé... Pense-t-on que M. Guizot,
dans son Salon de 1810, ait demandé sérieusement, devant la *Révolte du Caire,* si Girodet
n'aurait pas dû diminuer la laideur de ses
Arabes?

DUVEAU (411). — Un îlot de rochers sort
d'une mer qui roule des eaux lourdes et vertes.
Le ciel pâle est zébré de langues violettes, des
naufragés sont là en proie au désespoir, en
proie à la faim. Il en est qui luttent encore;
l'un s'élance au plus haut de l'escarpement;
d'autres hèlent d'une voix fiévreuse une voile
qui ne paraît pas; un vieillard, retenu par un
jeune enfant, semble vouloir se précipiter dans

la mer. D'autres, mornes et découragés, attendent la mort. Il en est un vu de dos, accroupi, affaissé, résigné, les cheveux tombant sur la figure, une vareuse grise sur les épaules, les bras noués autour des jambes ; c'est la tranquillité suprême du désespoir. Il en est un autre, les yeux rougis, les deux coudes sur les genoux, les deux poings dans les joues, qui rappelle la sombre tête d'Ugolin, entrevue par le Dante. Les femmes sont mortes ou mourantes. La femme à la jupe rouge, à la gorge découverte, est tordue dans une convulsion anatomique d'un grand effet ; les bras raidis en avant, avec une main déjà assouplie par la mort, la tête rejetée en arrière, les jambes retournées vers la tête. Tout le corps, contourné en un C, se raccourcit d'un furieux mouvement, étalant de remarquables qualités de coloriste. Nous regrettons de signaler dans ce *Naufrage de la Méduse* breton, une absence complète d'unité, un manque presque total de relief. C'est, pour ainsi dire, dans une composition vide une série d'académies épisodiques, sans point de ralliement ; quelquefois des figures de second plan marchant sur des figures de premier plan, avec toutes sortes d'avances indécentes à la caricature. Pourquoi, Monsieur Duveau, des chevelures en visière de casquette à ces gens dont le vent ne colle pas au corps les vêtements? — Le n° 412 est une charmante mise en scène d'une superstition populaire du littoral breton.

GALLAIT (517). — *Derniers honneurs rendus aux comtes d'Egmont et de Horn par le Grand serment de Bruxelles.* — Il est bon que les artistes étrangers viennent quelque fois étaler à Paris. On compare et l'on juge. Dans leur pays, ils ne peuvent guère se rendre compte au juste de leur valeur. Ils sont entourés d'admirations faciles. Il est toujours des applaudissements qui les attendent sur les marches de leurs ateliers. Leur nom se fait, sans une concurrence, comme leur talent se fait, sans une critique. Il y a tant d'années que nous humilions l'étranger à lui faire tourner la face à la France, ce soleil des arts! Un peintre compatriote, un peintre du cru, c'est une revanche! Belges et Allemands sont si heureux d'avoir une étoile à opposer à notre pléiade, si heureux de hisser quelque

chose comme un talent sur leurs piédestaux
vides ! — Un Genevois nous a bien dit, en nous
montrant le musée de Genève, que Calame
était le premier paysagiste de ce temps. Il le
disait et il le croyait. — Que donc l'étranger
nous envoie ses tenants ! Pourquoi l'école de
Dusseldorf, par exemple, n'enverrait-elle pas à
Paris des échantillons de son faire ? Paris, c'est
le tribunal sans appel de toutes les causes de
l'art ! Qu'ils y viennent, à notre exposition, les
petits et les grands Belges, ceux-là qui s'essaient
à une originalité en copiant Delaroche, comme
ceux-ci en copiant Meissonier, comme ceux-là,
les habiles, qui mêlent dans leur manière Leleux
et Lepoitevin ! Qu'ils y viennent les grands et
et les petits Allemands qui fondent école de Michel-Ange, de Raphaël, ou bien de Van Eyck !
Qu'ils y viennent donc, tous ces talents de
l'étranger qui sont à nos talents de France, ce
qu'est un grand homme de province à un grand
homme de Paris ! Qu'ils exposent à côté de
Couture, de Decamps, de Ziem ! — Je me rappelle encore ce marbre d'Ariane, éclairé fan-
tasmagoriquement de rideaux rouges de mar-
chands de vin qu'on montre admirativement

chez un banquier d'Allemagne ; mais, braves
gens, le plus petit élève de Pradier ne voudrait
pas mettre son nom au bas de ça! Voilà le tableau du premier peintre de la Belgique. Qu'est-
ce autre chose qu'une copie bien faible de la
manière de Paul Delaroche, que la mise à nu
de tous les défauts du peintre français, l'atté-
nuation presque complète de ses qualités de
composition, d'ordonnance, d'agencement ?
Comme mérite d'exécution, comme rendu d'accessoires, les trompe-l'œil du *Portrait de
M. Pourtalès* et du tableau de *Cromwell* sont
vraiment autre chose que ce crucifix jeté sur le
drap de velours noir. Chez M. Gallait, les qualités de trompe-l'œil n'existent même pas dans
les étoffes, qui sont lourdes, sans souplesse,
sans élasticité, sans grande différence dans les
lumières, entre la laine, le satin, le velours.
L'homme à la flèche a le corps enroulé dans
une écharpe rouge qui semble une torsade
en tôle. Il n'y a plus rien dans toute la toile de
ce coloris que nous admirions dans le Baudouin
de Versailles. Les attitudes, les expressions,
les physionomies, — nous sommes ici dans le
sérieux de l'œuvre — n'ont rien d'émouvant.

Dans les poses il n'y a rien de moralement dramatique ; les têtes lourdes et communes, tra-
vaillées en grand dans le goût de la porcelaine, sont sans caractère. Il n'y a pas dans
tout ce monde le secret d'une douleur contenue,
le secret d'une vengeance qui se prépare. Ces
hommes regardent sans colère, sans attendris-
sement de cœur ; c'est une ronde d'épais bu-
veurs de bière, regardant deux têtes métalliques
peintes en vert, avec un enduit de blanc de
plomb aux larmiers. — Il se trouvait encore
des gens pour croire à une autre école que
l'école française. M. Gallait leur a démontré
leur erreur. Nous l'en remercions.

GUDIN. — Dans les n⁰ˢ 592-593, M. Gudin
n'est plus que le Ruggieri de la peinture.

HUET (Paul). — M. Huet rend d'un savant
pinceau ces verdures pâles et aériennes qui
dorment au bord des eaux.

JADIN. — C'est un *Cerf aux abois,* cerné
par une meute qui l'étreint, qui l'entoure, qui
jappe et qui mord. La pauvre bête, n'ayant

plus où poser la patte, les bois levés, haletante, moribonde, brame à la mort. Latrace ! Lafeuillée ! Sonnez, sonnez à pleins poumons l'hallali de la bête ! — C'est un louvard lancé dans un chemin creux, renversant à terre un chien d'un coup de patte, retournant contre les autres, qui le flairent déjà, la tête et montrant les crocs. — Dans le n° 679, une dizaine de chiens se faufilent dans un terrier, le dos bas et plié, le museau devant eux. Ceux-ci se reposent, prêts à relayer leurs camarades. Le petit bouledogue du premier plan, les oreilles rognées, bien membré, et des plis de peau sur les muscles, est charmant de pose et de naturel. Un homme, au-dessus du terrier, l'oreille collée à terre, écoute le chien travailler le blaireau. — Les tableaux de M. Jadin sont de grandes et royales compositions d'animaux qui feraient merveille en un château, dans la salle à manger d'un grand louvetier, — s'il y avait encore des grands louvetiers. Mais, hélas ! notre Oudry, par le blanc cru et criard, par le zinc dont il lustre l'échine de ses chiens, prête bien trop au verdict de ce drôle de jury, qui s'appelle Nadar : *Jadin, ferblantier*.

LELEUX (Adolphe) (809). — Ligne de maisons rouges de briques, grands vilains arbres citadins, auvents grands ouverts aux acheteurs, plantureux étals de légumes, enfants qui jouent, ménagères qui marchandent, parapluies-tentes abritant la vente, casaquins et jupes bleus, casaquins et jupes rouges, petits bonnets blancs des Dieppoises huppés sur le front : cette population multicolore, agissante, achetante et vendante, blaireautée à sec dans tout son ensemble, par-dessus la couleur locale de chaque objet, a cette fonte de coloration, cette confusion, ce miroitement des foules vues à distance. M. A. Leleux a un talent merveilleux pour, dans ces multitudes perdues et noyées de couleurs, faire saillir ici un bonnet, là, tourner une jupe, plus loin, ouvrir un potiron; et le blaireau, de nouveau promené sur les *réveillons,* renvoie toujours à un plan éloigné la lumière assoupie. — Le peintre des foules mouvementées, des polychromies vivantes et animées, a peint, dans le n° 808, une scène du 24 juin. Sous la garde de la milice républicaine, processionne un défilé sombre et fier d'insurgés, un pêle-mêle de robustes musculatures et de délicates charpentes, de blondes têtes et de cheveux blancs, de bourgerons et de redingotes ; ils marchent, ils s'avancent, vous rappelant un des frissonnants spectacles de nos guerres civiles.

MEISSONIER (896). — *Homme choisissant une épée.* « Ce sont gens qui se vattent pour un clin d'uil, si on ne les salue que par acquit, pour une fredur, si le manteau d'un autre touche le lur, si on crache à quatre pieds d'ux. » L'homme de M. Meissonier m'a bien l'air d'un *valente huomo,* fils de cette famille-là, cap de you ! Sa moustache en croc doit descendre en ligne droite de Balagni, « lou vrabe Yalani ». — L'homme est debout, la jambe droite en avant, la jambe gauche en retraite. Il a des bouffettes marron à ses souliers de cuir, des bas incarnadins serrés au genou par un nœud pensée, un large haut-de-chausses en drap gris, un justaucorps de même étoffe, relevé de boutons d'argent, des manches jaunes. L'épée, dont la garde est dans la main droite, appuie sur la main gauche qui tient le fourreau. Derrière l'homme, un mur nu. Sur

une table, deux autres épées, dont le pommeau
et la coquille reluisent, un chapeau à plumes
jaunes et vertes, un manteau rouge. — La
composition est sobre et heureuse. Cette muraille nue et sans distraction de tons, cela dit
quelque chose comme la fameuse salle basse
de Bouteville, où les bretteurs du temps se
réunissaient le matin, et où l'on trouvait trois
choses : du pain, du vin et des épées. Tout
l'intérêt se porte sur le monologue muet de
l'homme qui interroge son outil. On voit qu'il
a besoin d'une fidélité, et qu'il met à son examen une attention et une expérience, et que,
s'il joue, il veut laisser le moins possible au
hasard. Selon nous, ce sont ces scènes à un
seul personnage que M. Meissonier réussit le
mieux. C'est tout un petit drame dans ce petit
tableau, un drame sur la pointe d'une épée. —
Les souliers et les bas sont le triomphe de
M. Meissonier; il plisse, il fronce les uns sur
le cou-de-pied d'un vrai et d'une touche parfaite, il allume au mieux le cuir des autres.
Mais, chose singulière ! à mesure qu'il s'élève
dans ses bonshommes, il perd ses petites pail-
lettes carrées, ces lumières accentuées de pre-

mière main, et, arrivé aux têtes, il ne trouve plus sur sa palette pour rendre la chair, la chair humaine, la chair animée, qu'un pointillé de rouge, de jaune, de blanc et de bleu. Les épidermes ont l'air d'une tapisserie au petit point. Jamais le sang n'a couru là-dessous. Les bosses du front, où mord le jour, M. Meissonier semble les piquer de plâtre. La main gauche de son homme, — pardon de ces criticules, mais ici la critique, pour être sérieuse, doit porter sur les détails, — la main qui tient le fourreau montre, selon nous, de la plus évidente façon, tout le mauvais de ce procédé. L'ombre projetée par l'épée sur le doigt annulaire est indiquée par une ligne noir d'ivoire. M. Meissonier semble oublier que dans la nature, sur la peau, il n'y a pas plus de lumière blanche, rigoureusement blanche, que d'ombre rigoureusement noire. — 898. *Bravi.* Celui-ci, — tête rageuse et frisée, — est campé en arrière, l'œil et l'oreille au guet, l'épée ramenée d'une main, le poing de l'autre main fermé. Celui-là, qui fait signe d'attendre, est penché à une serrure. Ce dernier a des bas bleus qui lui montent aux genoux, la jambe

nue du genou à moitié de la cuisse, un cale-
çon bleu à crevées, un casaquin gris, des
manches tailladées de crevées couchées l'une
sur l'autre comme des hachures, une coiffe
jaune à raies vertes. Son camarade a des bottines à découpures sur le pied, une culotte
rouge à crevées; au genou, une jarretière faite
d'un ruban vert. Le justaucorps est en buffle;
les manches, en velours violet, sont attachées
au justaucorps par des aiguillettes noires à
ferrets d'argent. Sur la tête, une toque rouge et
une plume. Il n'y a que M. Meissonier, il faut
le dire, pour décrocher aussi bien deux costumes d'une gravure d'Aldegrever. — 897. Dans
un cabinet garni, au fond d'une de ces tapisse-
ries historiées dont le peintre encadre volontiers ses personnages, un jeune homme avec
une queue à la catogan, à moins que ce ne soit
une vergette tombant sur un habit noir, est
assis dans une chaise Louis XIII, au dossier
garni de vieux cuir chanci. Dans une pose
absorbée, la tête penchée, se mordillant le
petit doigt de la main gauche, — un tic de tra-
vailleur, — il écrit, et il est tout à écrire. Des
bouquins, tranchefilés rouge, sont empilés sur

la table. Au fond, une armoire demi-ouverte.
Encore un petit tableau, encore un intérêt.
Mais nous ferons toujours les mêmes reproches
à M. Meissonier : le drap, la soie, sont, dans
ses toiles, du drap, de la soie; pourquoi les
chairs ne sont-elles jamais des chairs? Pourquoi, quand il y a Gérard Terburg, Gabriel
Metzu, — la *Leçon de clavecin,* de Gerard Terburg? — ne va-t-il pas causer avec eux au
Louvre? Pourquoi a-t-il toujours à ses pinceaux le souvenir des pinochades de Mieris, de
Dow et de Slingelandt?

MOREL-FATIO (941). — *Le Prince-Prési-
dent de la République visitant, à Cherbourg,
l'escadre de la Méditerranée.* Le grand défaut
de la toile de M. Morel-Fatio est de présenter
une trop grande ressemblance avec les chro-
molithographies maritimes des bureaux, où l'on
prend passage pour Douvres. Nous n'avons pas
oublié ses premières toiles, pas plus que ses
belles eaux-fortes, savantes dissections de la
voilure, de la membrure du cordage des bâti-
ments de tous bords. Mais, vraiment, quand
notre souvenir oppose à la Visite du Président

une marine de M. Durand-Brager, qui n'a pas été terminée pour l'Exposition, quand nous revoyons ce coin de plage encombré de lourds bateaux de pêche, cette jetée obstruée, ce vieux phare en bois pyramidant sur un ciel rougi, ces eaux à demi écoulées, que le reflux fait vaseuses, et que le soleil couchant écaille d'or comme le ventre d'une carpe, — nous félicitons M. Morel-Fatio de l'absence de M. Durand-Brager.

ROUGEMONT (Mme DE). — La *Ballade*. Un mauvais tableau de Schlesinger copié par un élève de Couture.

SALTZMANN (1138). — Des arbres au tronc habillé de lierre et formant une colonnade verte au premier plan; des ondulations rocheuses serpentant à l'horizon; une petite bourgade jetée en acropolis sur une colline, d'où descendent, vers la rivière et ses bouquets d'arbres, d'étroits sentiers, exposent la lutte que se livrent encore, sur la palette de l'élève de Calame, le paysage historique et le paysage du bon Dieu.

TOULMOUCHE (1201). — *Jeune Fille*. Une tête blonde qui ressaute doucement d'un voile de dentelle noire enveloppant la poitrine de ses ondes de deuil et s'ouvrant à deux mains recueillies dans un mouvement de prière. La carnation pâle et maladive, le front large et saillant sous deux bandeaux relevés, les yeux voilés de tristesse, les contours pleins de morbidesse du nez, de la bouche, de l'ovale, se modèlent comme dans un glacis de chair pâle avec des ombres qui semblent un nuage de poussière de bitume écrasé et fondu au doigt. Cette tête, d'une expression séraphique, tenue dans les teintes doucement estompées d'une contre-épreuve, a pour repoussoir un fond égratigné de gris, treillagé des tortils noirs d'une plante, à petits bouquets rouges, courant sur une croix de bois. — 1200. *Joseph et la Femme de Putiphar*. La femme, le bras étendu, la tête renversée, a le désir aux lèvres et aux yeux. Le ressaut du torse rondit lascivement, et la jambe pose à terre d'une mollesse et d'une grâce charmantes.

VETTER. — M. Vetter a modelé grassement

une grosse femme d'un âge mûr, qui s'est fait
courageusement pourtraire en robe de laine
noire, en bonnet de tulle, un mouchoir à la
main. La tête grossière, commune, plébéienne,
les courbes lourdes et pâteuses, les étages du
menton, les plis de graisse, les méplats douil-
lets, le nez épais, les ressauts charnus, la patte
d'oie, cette marque de fabrique de l'âge, les
mains pataudes, déformées et bouffies, les carnations jaune-doré des vieillesses sanguines,
ce vermillonnement général de la santé, ce
teint fleuri et bourgeonnant de vie, toute cette
pléthorique enveloppe, M. Vetter l'a traduite
avec le pinceau de Bol, faisant de toutes ces
trivialités de la forme et de la couleur une
œuvre saisissante.

SALONS DU PREMIER ÉTAGE

BAL (40). — M. Bal a peint franchement une table de cuisine, une serviette, des oignons, une tranche de potiron, une marmite.

BREST (180). — Une double ligne d'arbres, dont le faisceau branchu se déchire tout à coup et allonge horizontalement un parasol de rameaux serrés, d'un vert sourd, se lève d'un terrain qui reçoit leurs ombres bleues. Ce terrain est jaunâtre, moucheté de mousse, tout transpercé des teintes grises des couches granitiques qu'il recouvre. M. Brest rachète la mollesse du pinceau par la vérité et le sentiment.

GRANDSIRE (579). — *Vue du lac de Gmunden (Haute-Autriche)*. Les bateaux, tout chargés de passagers et de chevaux et de ballots, coulent bien sur les ondes huileuses, sous le ciel calme. M. Grandsire se plaît à écraser

contre la toile sa brosse chargée de couleurs ;
et, de tous ces petits empâtements serrés l'un
contre l'autre, il fait une égayante marque-
terie.

HERVIER. — L'opulence des tons sales, le
talent d'écloper une échoppe, les masures
ladreuses, les moulins carrés à toits plats, les
montées par les ruelles garnies de fumiers et
de chiffons, les quais de ports de mer tout
grouillants de vieilles jupes rouges, les tripe-
ries aux éventaires de *mou*, les campagnes aux
firmaments noirs, les villes aux rues basses et
empuanties, les mares grasses, les linges de
lessive balancés au vent sur un champ pelé :
M. Hervier est roi partout là. — Aujourd'hui,
un ciel violacé, veiné du blanc vert d'un marbre
de Caryste, cerne la ligne blanche de l'horizon.
Sur la lumière mate se profile une série de
moulins sombres qui couronnent la colline les
bras en l'air. Au-dessous, descend le panorama
d'une *via* de maisons bardées de fumier jusqu'à
hauteur d'homme, amoncellement désordonné
d'enclos, de jardins, de murs, de toits, de tuiles, de plans qui s'étagent, qui s'enfoncent, qui

avancent, tout cet échelonnement, capricieu-
sement barbouillé pourtant comme une palette
à la fin d'une journée de travail, se gradue,
fuit, vient, sort à la longue d'une façon magique. Ce ravissant désordre de la nature et du
pinceau a pour rideau une ligne d'arbres, sur
les bords d'un marécage qui s'égoutte en
rigoles sur les herbes. Ce n'est, sur des fonds
d'un ton insaisissable, qu'égratignures de vert-
jaune, de vert-bleu, et cependant une fraîche
saulée avec ses pâleurs transparentes agite et
fait bruire ses feuilles. Là, monte un grand
massif d'arbres aux bouquets pommés, aux
branches blanches comme le bouleau. Un premier terrain, à peine recouvert et complètement sacrifié, laisse l'œil filtrer et sauter de
suite aux collines, aux maisons, aux moulins.

PASCAL (992). — *Étude de roses d'après nature.* Des roses blanches et des roses rouges,
mêlées de quelques volubilis, descendent en
guirlande dans l'espace. Rien de mieux aéré
que ce petit groupe. Les volubilis se creusent
en entonnoir, les roses se fouillent d'une délicieuse vérité, et la brise se joue entre toutes ces

feuilles. Les pétioles des roses fléchissent et se courbent, comme dans la nature. Les cœurs jaunes des roses blanches qui transparaissent et chauffent les tons argent de la fleur, le découpé des feuilles imparipennées, la moiteur des demi-teintes, le chiffonné de cette fleur, l'épanoui de celle-là, et, par-dessus tout, l'amoureux balancé de la grappe, tout cela est fait d'une brosse prime-sautière. Une feuille se dérobe ou ressaute, là d'un écrasis, ici d'un retour de pinceau. — Vraiment c'est un régal que ces fleurs de M. Pascal, après toutes ces fleurs de demoiselles, peintes par des dames ou des messieurs ! Comment une des deux ou trois impures qui ont hôtel à Paris ne s'est-elle pas encore fait bâtir une salle à manger en stuc blanc, pour mettre au-dessus des portes les trumeaux de l'admirable fleuriste M. Pascal ?

SAINT-FRANÇOIS (1125). — Là-bas, là-bas, la Mort est venue ; elle a passé les dunes et elle a pris quelqu'un. Elles s'en vont à l'enterrement, toutes ces femmes aux roulières brunes, ou rouges, ou grises, deux à deux, et le dos courbé, comme des vieilles, sous le vent âpre.

La procession se prolonge, longue et noire, sur le terrain où le pied laisse trace et qui se mamelonne, à perte de vue, de tombelles de sable. Le ciel de M. Saint-François, où le pinceau s'est trémoussé en virevoltes de blanc et de gris, est, comme tout le tableau, d'une touche originale.

SAINT-JEAN (1126). — *Fruits dans un parc.* De la rampe d'une terrasse, plaquée d'une bacchanale enfantine, appendent, à demi masqués par les gaufrures écarlates de la vigne, des prunes violettes aux fendilles suintantes de sucre ; des raisins blancs ou noirs, à l'enveloppe turgide et résistante ; des raisins blancs ou noirs, gercés, fripés, racornis ; des raisins blancs aux reflets de topaze brûlée ; des raisins noirs aux reflets de rubis ; des frambroises à la feuille enchardonnée de duvet blanc ; des fraises incarnat aux mille facettes pourpres ; des figues meurtries, talées, dénudées, aux crevées sanguines ; des pêches veloutées de rose ; des melons côtelés, couturés, fissurés, craquelés de soleil, l'un qui bâille, l'autre qui étale, le ventre ouvert, sa chair filtrée d'eau et ses petites cellules, couleur de saumon. — M. Saint-Jean se tire assez bien des illustrations coloriées d'une pomologie; mais, loin de servir ses fruits dans cette fonte de couleur vénitienne dont M. Ziem eut le privilège l'année dernière, il encadre trop volontiers ses imitations serviles et sans feu, dans d'épouvantables paysages.

GALERIE DU PREMIER ÉTAGE

ANDRIEUX (20). — *Bataille de Waterloo.*
Le blé jaune est foulé par la marche des hommes, haché par le galop et le piétinement des
chevaux. La mêlée s'y jalonne en masses sanglantes. Des soldats anglais, à l'uniforme rouge,
au pantalon blanc, se défendent contre les cuirassiers français. Au premier plan, quelques
Anglais essayent de former un bataillon carré,
qui se hérisse de baïonnettes. Les cuirassiers
chargent et rechargent, traversent et retraver-
sent ces débris de lignes anglaises, écrasées sur
les moissons encore chaudes du sang du colonel
Chandon. Ici même, il y a dix minutes, les bat-
teries sous ses ordres ont été disloquées, les
traits coupés, les chevaux tués, les canonniers
sabrés. C'est le moment de notre bataille de
Zama, où les cuirassiers Milhaut, lancés d'a-
bord par Ney contre les dragons anglais dans

les pentes de la Belle-Alliance, rechargent les
Hanovriens, une brigade d'infanterie anglaise
de la légion allemande du général Ompteda,
qui défendent le pied du plateau. A gauche, une
colonne d'habits rouges marche, nourrissant un
feu serré, sur la droite du gros de nos cuirassiers, qui avancent de front et en ligne, faisant
étinceler leurs casques pailletés de lumière et le
poitrail de leurs chevaux blancs. La brigade
anglaise va être dispersée; le général Ompteda
va être tué. — La charge de M. Andrieux est
animée et vivante, et s'emporte comme la belle
page de Vaulabelle. Son tableau est tout plein
de fougues, qui n'empêchent pas de très grandes
habiletés. Dans ses premiers plans, nets et précis, d'engagements partiels, M. Andrieux n'a
mis que des combats à l'arme blanche; dans
tout le fond, ce ne sont que feux de mousque-
terie et canonnades, enveloppant dans leur
nuage roux ou blanc les masses de chevaux,
d'hommes, et faisant, à mesure que le regard
marche dans le tableau, la mêlée plus vague,
plus compacte et plus générale. Toute cette
poudre brûlée monte, derrière ce moulin, cette
ferme et le plateau du mont Saint-Jean, en

larges colonnes fumeuses, envahissant tout le
ciel, martelé de rouge et de bleu, d'immenses
cernées noires. M. Andrieux rappelle le meilleur temps et les meilleures toiles du peintre
de la bataille de Wattignies, M. Eugène Lami,
à qui il a habilement emprunté les ciels tout
cendrés de poudre sur le cliquetis des uniformes
criards.

BARON (51, 52, 53). — La soie et le velours,
et le brocart, et le soleil, et les eaux miroitantes,
et les colonnades, et les parcs de plaisance, et les
canaux embuissonnés de roses, qui ne reflètent
que des amours en fleurs, les brises aux ailes
chargées de musique et de propos d'amour, —
le joli domaine !

> Çy entrez, vous, dame de hault paraige,
> En franc couraige. Entrez-y en bon heur,
> Fleurs de beauté à céleste visaige.

Ce ne sont que parfums d'eau de rose, d'eau de
naphe, d'eau d'ange. Comme ils viennent, chacun menant la sienne, au rendez-vous du pinceau de M. Baron, les hommes avec leurs Magnifiques à la vénitienne ! Oh ! le joli public du

Décaméron! Ce ne sont que moustaches parfumées, que chevelures ondoyantes, relevées d'escarboucles, que basquines de camelot de soie, que pantoufles de velours cramoisi rouge, déchiquetées à barbe d'écrevisse, que taffetas changeant, que canetille d'or, que bernes à la moresque à frisure d'or, que panaches à papillettes d'or! C'est le manoir des Thélémites. Je reconnais, je reconnais « la fontaine magnifique de bel alabastre », les trois Grâces et les cornes d'abondance. Voilà l'escalier de marbre qui descend mollement à l'eau; et les moines et les sœurs de l'abbaye du plaisir et de l'amour, et de la jeunesse, pêchent, indolents, la tête sur le coude, allongés sur le sable, leur ligne à la dérive. Ou bien sur les portiques, tout ce monde de l'Arioste et de Boccace, sur les portiques, entre les colonnes de marbre veiné de rouge, parmi les Vénus de marbre, tout ce monde chatoyant de velours parfilé, s'en va baller et se promener. Tout est fête en ces heureuses toiles de M. Baron, fête des yeux et des lèvres! Allez, belles Marphises, reines de jeunesse et de beauté, dont le nenni est si doux, mettez toutes vos pierreries et tous vos sourires! Laissez enlacer, sous les bosquets du peintre, vos tailles amoureuses! Voici, voici

> Celle que plus les dames doivent craindre,
> Sur un bâton marchant à pas comptés,
> Dame vieillesse.....

— Du XVIe au XVIIIe siècle il n'y a qu'un interrègne. Voilà pourquoi M. Baron, après *La Pêche* et *Le Départ pour la promenade*, nous a donné *Les Patineurs*.

BELLANGÉ (734, 74). — M. Bellangé est un Vernet de poche. Il peint les batailles d'un joli fort agréable; son *Épisode de la retraite de Russie* est une spirituelle vignette du lendemain de Moscou.

BRISSOT DE WARVILLE (185, 186, 187). — Sur la lisière d'un bois ou sur le bord de l'eau, M. Brissot lève tout droits de grands baliveaux sur un ciel hollandais; et voilà un charmant tableau grassement touché.

BUTTURA (203). — *Vue prise à Villefranche.* Paysage d'un singulier caractère, offrant l'image parfaite d'une agate herborisée.

CHASSERIAU (238, 239, 240). — Les tableaux de M. Chasseriau, cette année, sont un piège à la critique. Ils l'exposent à dire, pardessus la tête de M. Chasseriau, beaucoup plus de mal que de bien de M. Delacroix.

CHAVET (243). — *Le Caquet.* C'est un conciliabule de trois médisances dans un salon où de grandes arabesques jaunes courent au mur sur un fond de soie rouge. Des trois femmes, on ne voit que le dos et le riche chignon de l'une, et rien que la petite tête mutine de l'autre. La femme de face a une robe grise et un mantelet noir qui lui glisse des épaules ; l'autre à gauche est en robe verte ; la troisième a une robe à petites raies grises et roses, sans taille, faite à la Watteau. Les têtes fines et charmantes, les lèvres froncées par les sourires, les petites mains, aux jolis ongles, sont savamment caressées, mais un peu trop percées de dessous gris.

DAUBIGNY (Charles-François) (309). — *Moisson.* Une bande de lumière rose raye le ciel dans toute sa largeur. D'épaisses traînées de pinceau aux bavures bleues tracent des lointains, hachés de plantations encore jeunes. Toute la campagne dessine, comme en un damier d'or, ses carrés de blés, les uns faucillés et brunis, les autres sur pied et incendiés de soleil. Moissonneurs pliés en deux, et moissonneuses qui se hâtent par les étroits sentiers, et gerbes qu'on bottelle, et charrettes qu'on charge, toute cette activité se groupe pittoresquement dans l'embrasement doré, au milieu duquel le pinceau, essuyé de sa couleur, fait étinceler çà et là un sillon. Les premiers plans, étoilés de bluets, de coquelicots, ondoient bien sous la houle; les épis tordus, aux vivacités sèches du soufre, couronnent bien les masses serrées des tiges aux profondeurs de cuivre rouge. On n'a jamais mieux traduit la moisson; le blé n'est jamais venu sur la toile plus hâlé, plus crépitant, plus vrai, par l'atmosphère brûlée du mois d'août; et le tableau de M. Daubigny est un chef-d'œuvre, en dépit de la négligence de ses fonds. — Dans le n° 310, la lumière endormie et voilée, mais toute prête à s'éveiller, le feuillage encore assombri et amorti dans ses masses avec des profils de verdure déjà allumés, des eaux mortes et paressant en leur cours, un petit clocher sortant d'un ciel tout clapoteux de tons rosés, vous donnent un second échantillon de la science d'observation de M. Daubigny.

GÉROME (535). — Les buffles, au pelage reflété de lumières verdâtres, se pressent, se ruent à l'eau. La lourdeur de la tête, la solidité des emmanchements, le ramassis des allures, les houppes lanugineuses, l'aspiration de la fraîcheur, l'immersion pesante, ne manquent pas d'étude ; mais la peinture stentée, peignée, comme lavée de tons d'aquarelle, s'est efforcée sérieusement à étriller ces animaux à tous poils ; mais ce coin du désert italien, travaillé de miasmes, grouillant de reptiles, susurrant de moustiques, a le caractère d'un paysage de banlieue de Paris ; mais le *temple de Pœstum,* remis à neuf dans un coin d'architecture bien propre, éternel mariage de la terre de Sienne brûlée et du neutralteinte, n'a rien du fruste de la ruine.

GIROUX (559, 560). — Des chevaux noirjais ou gris-pommelé débouchent au galop sur le spectateur, le long de barrières. Les chevaux ont le chanfrein renversé en arrière, la tête portée au vent, les naseaux volumineux, dilatés, ouverts jusqu'à la pituitaire. Chevaux de maître, la peau fine, les crins soyeux, toute l'habitude du corps sèche et anguleuse, les muscles bien dessinés, le crâne ample, les oreilles longues, les yeux grands, les tendons écartés, la queue attachée haut. C'est le cheval léger, le type svelte. Le ciel, appesanti et bas de l'orage qu'il porte, est tassé de gros nuages noirs un peu allumés à leur crête, desquels sortent les robes argentées. — Là, sous un auvent soutenu de piles de bois où montent des enroulements de feuillage, avec un ciel d'un furieux empâtement à plâtras de blanc sur l'azur foncé, un garçon d'écurie, un seau à côté de lui, un torchon à la main, éponge deux chevaux, dont l'un, raidi sur les jambes de devant, flaire et pousse longuement le hennissement grave du désir. — Pourtant, les vrais sujets de M. Giroux, ce sont les gros chevaux de carriers, de meuniers, de brasseurs, de halage. — (558) *Chevaux de halage.* — Voyez ces énormes boulonnais, comme ils tirent! comme ils tâchent à se désembourber! Les deux de devant commencent à prendre pied. Ils posent, à bout d'efforts, leurs larges sabots sur le sol retrouvé. Le charretier jure en tirant les guides Les trois autres chevaux, derrière, barbotent puissamment dans l'eau écumeuse avec toutes sortes d'énergies désespérées. M. Giroux n'a pas reculé devant les formes populaires de ces coursiers bien gigotés, de ces traîneurs rouan-vineux, devant ces têtes grosses et chargées de ganache, devant ces crinières touffues tombant à droite et à gauche de l'encolure, ces poitrails énormes, cette croupe avalée, ces fanons longs, ces forts paturons, ces pieds gros et évasés. Et pour encadrer ce paroxysme, — un peu outré, — de contractions musculaires, il a haché un ciel lie de vin, truellé de jaune, de torrents de pluie serrée. M. Giroux indique d'une brosse coulante ou empâtée la direction des épis, le courant du pelage, la marche du poil, les *ars* plissés aux muscles. C'est un heureux emprunt à l'*Étude de poitrails* de lord Seymour.

GUILLEMIN (599). — *Souvenir d'atelier.* 25 août 1769. Entre les différents petits tableaux à gouasse de M. Baudouin, le public se porte en foule vers le Modèle honnête, qui, malgré plusieurs défauts de bon sens, excite l'intérêt du spectateur. C'est, Monsieur, une jeune fille toute nue d'une part entre les bras d'une femme, tandis qu'un peintre devant son chevalet semble en esquisser les traits sur la toile. Au haut est écrit : *Quid non cogit egestas.* M. Guillemin a repris le motif de Baudouin. Mais est-ce que sa grosse fille a les attaches assez fines pour savoir la pudeur, cette vertu de race ? — Ah ! chère Nifa, chère petite, caresse et joie de nos esprits tout un an, sourire et jeunesse de notre pauvre. *En* 18..., pudique, charmante, toi au bras de laquelle nos imaginations allaient, cherchant les verdures et les fêtes du soleil, l'ombre et la Seine, et les îles endormies, Ophélia qui n'est point morte ! ce n'était point au pinceau de M. Guillemin à te toucher ! Limpide, il fallait la couleur ! Enivré, il fallait le pinceau ! Amoureuse, suave, pure comme notre plume, il eût fallu la palette pour rendre notre *Ecce mulier!*

HAFFNER (604). — Dans un verger planté de pommiers, tout ombreux de vert froid, M. Haffner fait glisser sur les terrains herbus et par le dessous du feuillage pressé et marqueté de pommes rouges, de maigres échappées

de lumière. Le pommier est secoué, les pommes tombent, les enfants mordent à belles
dents ; les sacs s'emplissent ; la récolte est bonne
et la journée n'est pas encore finie. Ce tableau,
tenu presque entièrement dans la demi-teinte,
et de parti pris dans les tons froids des pays
septentrionaux, est une des bonnes commandes
du Ministère de l'intérieur. — Dans son n° 602,
le peintre strasbourgeois a groupé autour d'une
fontaine, surmontée de l'ours gothique traditionnel de l'Alsace et de la Suisse, les laveuses
d'Obernay ; la fontaine pyramide, au centre de
maisons ventrues, aux galeries de bois, aux
baies cintrées, aux toits coniques, aux murs
briquetés, encastrés de solives, crépis de tons
sales. Les laveuses lavent et regardent le public, lui montrant le type blond de l'Alsace, lui
montrant leurs couettes de chevelure folle, éva-
dée du béguin blanc. Comme repoussoir, s'a-
vance, pleine de crânerie et magnifiquement
drapée, une brune fille de la Bohême, un volumineux paquet de linge jeté sur sa noire chevelure, le bras appuyant à la hanche un bassin
de cuivre. La sauvage beauté de la gitana, les
coquets airs de tête des Obernoises, le coloris

éclatant des étoffes, les rutilements des cuivres épandus à terre, l'agencement du groupe, arrêtent la foule, et sont en train de faire encore ouvrir la bourse du Ministère de l'intérieur. Les difficultueux adressent au peintre le reproche d'avoir strapassé quelques figures, d'avoir trop tumultueusement éclaboussé sa toile de lumières blanches, très blanches, accourant de tous les points dans un papillotage fatigant. — Celui de tous les tableaux de M. Haffner que nous préférons cette année, c'est son n° 603. Dans un grand pan de ciel, grimpent trois arbres, — trois vraies perches à ramer des pois, — piètrement feuillagés. Sur des terrains marneux coupés de carrés de légumes, près d'une mare aux eaux terreuses, tout bonnement un plant de choux. Ces choux parcourent toute la gamme du vert bleuâtre; ces choux se gaufrent, se contournent, se volutent, se frisent, se pomment, se fraisent comme de vrais choux alsaciens qu'ils sont. Braves choux verts, braves choux caulets de Flandre, à belles feuilles bien cloquées, qui n'ont eu à souffrir ni de l'altite, ni du charançon, ni de la mouche brassicaire, ni des pucerons, ni des chenilles! Une bien sim-

ple composition que ce morceau de Krauter-
gersheim ; et cependant, pour notre part, nous
le préférons à beaucoup de bien grandes machines. Il y a là une grasse réminiscence des
terrains liants et épais du Bas-Rhin ; il y a là un
bon réalisme. Tout heureusement pourtant que
M. Haffner rende sa province, nous voudrions
le voir revenir aux landes, aux murs crayeux
de Fontarabie, si mieux nous ne l'aimions en
Afrique. M. Haffner a en lui un coloriste que
nous craignons de voir s'endormir au bord du
Rhin.

HILLEMACHER (632). — *Les Assiégés de
Rouen en* 1418. — Douze mille pauvres gens,
vieillards, femmes, enfants, qu'on a été obligé
de mettre hors la ville, et que les Anglais n'ont
pas voulu laisser passer, meurent lentement
dans les fossés, rongeant les herbes poussées
dans la boue, se désaltérant aux fanges de l'eau
vaseuse. A gauche, un homme et deux femmes,
hâves et maigres, dans l'ombre, soufflent sur un
feu de quelques brindilles, y tendant les mains
pour essayer de retrouver un peu de chaleur. Sur
le devant, un cadavre au flanc souillé de sang,

trempe ses cheveux dans l'eau, le bas du corps enfoui dans les joncs. Tout le long de la muraille, s'adossent des vieillesses, des faiblesses, des défaillances, des désespoirs. Au centre, sur un mauvais oreiller, une femme jeune encore, pâle comme un linge, lève les yeux au ciel, à peine revenue des terribles angoisses de l'accouchement. Une jeune fille et un jeune garçon, au chaperon de velours noir, ont mis son enfant dans un panier, et tendent les mains le long du mur pour attraper une corde et y attacher le berceau improvisé de la frêle créature. Une fois l'enfant baptisé dans une des églises de la ville, la corde redescendra, le rendant à sa mère et à la mort. Il y a de bonnes qualités dans le tableau de M. Hillemacher. Le vieillard qui regarde, les mains jointes, cet enfançon né dans la faim, à côté de cadavres, est simple et émouvant. La vieille femme aux cheveux gris, à côté de lui, le corps incliné, les bras en avant et tenant un chapelet, les yeux fixes, le regard comme figé, et la jeune femme accroupie, à côté de l'accouchée, sans regard elle aussi, serrant machinalement un enfant entre ses bras, dans une pose qui rappelle un peu une Italienne

de la *Malaria,* sont belles toutes deux d'anéantissement. La composition aurait gagné de l'u-
nité à vouloir mettre en mouvement moins de
personnages ; les groupes ne font pas assez
masse, et le centre d'intérêt ne se relie que
bien faiblement à l'ordonnance générale.

HOGUET. — Celui-ci est un paysagiste. Un
soir, au *Panier d'or,* à Bruges, après avoir passé
tout le jour à voir tourner les grands moulins
à vent, les moulins à vent flamands, à formes
évasées, tout ravaudés de morceaux de bois,
avec leurs queues noires arc-boutées à terre,
les moulins qui tournent lentement deux lieues
de long, en ligne, à perte de vue, — nous vous
avons regretté, Monsieur Hoguet. — 640. Des
moulins là-haut, — moulins de Montmartre,
ceux-là, — jusqu'au bas de la toile, le terrain
dégringole et descend, sillonné, taffoulé, glai-
zeux, miné par les filtrations des pluies. Là, sur
cette crevasse, on avait jeté quelques planches,
— une ébauche de passerelle ; — le terrain a marché ; les planches ont cédé, et pendent rompues sur cette petite ravine, creusée par quelque orage ; deux meules percées de leur œillard,

hors d'usage, sont abandonnées et comme
fichées dans le sol mou. Du bas du tableau,
une mauvaise clôture en poutrelles, abritée de
quelques saules, monte, enjambant les accidents de terrain. A droite, au-dessus de ces premiers plans empêtrés et jonchés de planches
et de mottes de terre éboulées, un mauvais mur
plâtreux se lève droit, tout salpêtrisé d'humidité,
avec, au milieu, un petit égout, en forme de
tuile creuse, qui bave. Au-dessus du mur, quelques broussailles maigres essayent de verdir
dans le sol sans terreau. C'est le jardin du meu-
nier ; la porte est grande ouverte pour aller de
là aux moulins. Tout en haut, sur un ciel bleu-
ture, relevé d'empâtements d'argent, des moulins noirs, piqués de vols de pigeons, tournent,
tournent leurs ailes concaves, comme le dévi-
doir d'une vieille femme. Faut-il dire la science
de toute la gauche du tableau tombée dans l'ombre, tout l'agrément de ces terrains peau de
lièvre, dont M. Hoguet a le secret ; toute la solidité de cette peinture hardiment patinée ;
l'effet, enfin, de cette magnifique toile, — un
des triomphes du Salon ?

HUNT (666). — Au milieu d'un champ de
blé qui balance ses épis prêts à s'égrener, une
jeune fille effeuille une marguerite sous un ciel
floconneux. La jeune fille, les cheveux torsadés
au chignon, est vêtue d'une chemise qui découvre l'épaule et va se creusant au dos. Le
torse et les jambes sont assez largement étoffés
de serge jaunâtre. Nous avons des premiers appelé l'attention sur M. Hunt; aussi notre critique est-elle plus à l'aise, et M. Hunt nous en
voudra moins d'être sévère avec lui. Pourquoi
vous êtes-vous pris d'amour pour les chairs
morbides, terreuses, blêmies? Pourquoi cette
haine du sang, de la vie? Pourquoi des pommettes qui ne s'empourprent pas? Pourquoi cet
œil de gris qui plombe toutes vos carnations?
Si c'est là votre palette, pourquoi vous atta-
quer à la jeunesse? Pourquoi ces redondants et
grassouillets contours, les indiquer d'une ligne
sèche, malingre, anguleuse, phthisique? Pourquoi faire saillir l'ossature? Pourquoi lustrer
l'épaule d'une lueur marbrine? — Reconnaissons bien vite que les chairs de la *Bonne Aventure* sont plus vivantes.

JOHANNOT (Tony) (697). — *Scène de pillage en* 1525. Ah! les charmants bois, Monsieur Tony Johannot, dans Don Quichotte et dans Molière! Ah! les charmantes eaux-fortes, Monsieur Tony Johannot, dans les contes de Charles Nodier!

KNIFF (729). — *Souvenir de Sicile*. Un ciel d'azur, lacté à l'horizon; les lignes ondulantes d'un promontoire courant à gauche dans les vapeurs tièdes, la Méditerranée bleue avec une étroite traînée d'argent, toute scintillante à la cime d'une vague; une immense plaine peuplée de deux arbres sphéroïdes, plaine où la lumière glisse de droite et vient ligner, d'un filet métallique les arêtes d'un vieux mur enfoncé au niveau du sol; du vieux mur une fontaine coule, et deux Siciliennes emplissent leurs cruches. Il y a, disons-le hautement, une étendue, une tranquillité, un repos, une atmosphère de lazzaronisme, un sentiment de poésie dans cette étonnante dégradation perspective.

LAMBINET (757). — C'est une disposition qu'affectionne Troyon, l'étroit sentier qui serpente derrière la ferme, par le clos, jusqu'à l'eau, bucolique toute verte, où se promène volontiers le pinceau campagnard de M. Lambinet. Il accroche, distribue à chaque arbre son feuillage propre, n'empruntant pas comme son voisin, M. Bonheur, les sèches zigzagures de Waterloo, mais s'inspirant de lui-même et de la nature, et faisant très habilement la distinction des feuilles étoilées, palmées, pendantes, relevées, déchiquetées, lancéolées. M. Lambinet a peint encore un bord de rivière avec une escadre de canards qui s'ébattent, un bord de rivière margé de joncs verts, M. Lambinet a encore peint là une toile pleine d'humidité et de fraîcheur.

LEPOITTEVIN. — C'est du joli, cela! Mais il y a si longtemps que M. Lepoittevin peint joli! Nous ne ferons pas difficulté pour convenir que, cette année, il a placé ses éternels forbans (828) dans un joli décor de Pannini, éclairé d'un joli soleil couchant.

LERAY (831). — *Charles IX et sa cour visitent les gibets de Montfaucon.* — Le roi, la reine-mère et toute la cour viennent voir « ce qui reste du corps de l'amiral », comme disait de

Thou. Toute cette foule parée ; ces gentils-
hommes en soie avec des buscs à leurs pour-
points et des fraises à confusion, une toque can-
nelée sur la tête ; les dames de la cour avec des
manches à bourrelets, les cheveux relevés de
perles, surmontés du toquet de velours à ai-
grette de pierreries ; les chevaux tenus en main,
les chiens bridés par les pages, les cuirasses
diamantées par le soleil, tout cela tapage au
mieux, devant le Pourrissoir, sous une brosse
à la Isabey, gaie et spirituelle.

LOTTIER (848). — Dômes, mosquées, mi-
narets, kiosques, clochetons, forêts de toits-
terrasses noyés dans un brouillard rosé, barques
chargées de filets, eaux moirées et chatoyantes,
c'est bien là l'étincelant panorama de Stamboul
aux sept collines. Le faire de M. Lottier tient
un peu trop de la décoration ; et ses toiles qui
ne manquent pas de mérite, ont une trop grande
parenté avec les papiers de ces salles à manger
de campagne qui ont initié notre enfance aux
scènes orientales. Ce sont, pour les lumières, de
petits pâtés carrés de couleur rouge, bleue,
blanche ; le feuillé semble dessiné par un fer

en forme de trèfle ; les premiers plans sont trop
uniformément coloriés de ces tons jaune rosé
qui font les troncs d'arbre dans toutes les impressions en couleur.

NAZON (962). — La toile, conservée dans
son grain, est glacée de couleurs transparentes.
Maisons, terrasse, berge, arbres à dessous presque monochrome, viennent à leur plan, viennent
à leur couleur locale sous de magiques badi-
nages de pâte sèche. Les arbres de second plan,
caressés de vert et de rose, sont d'une adresse
incroyable. Ces habitations rustiques, d'un
faire très original, donnent une bonne place à
M. Nazon parmi les paysagistes de l'année nouvelle. A l'année prochaine une plus complète
entente de la lumière et plus de relief en ces
fabriques.

PENGUILLY. — M. Penguilly exposa, il y
a quelques années, un délicieux tableau, la
Parade, un de ces quelques tableaux tentateurs
qui vous font peser votre bourse, et, quand on
l'a pesée, regretter qu'elle soit si légère. C'était
l'annonce d'un coloriste. Bon Dieu ! qu'est-il
venu sur la palette de M. Penguilly ? Quelles

visions ont donc soufflé sur ses couleurs de
grand jour? M. Penguilly a-t-il fait un pacte
avec les lumières clair de lune, les paysages
sabbatiques? Que ne revient-il, un jour par
an, au paysage réel, aux vivantes scènes de
midi? Que ne revient-il au bon et vrai soleil,
un jour par an? — (1010) *Les Approches d'une
tempête sur les côtes du Finistère, à marée mon-
tante.* — Mer et ciel semblent du plomb en fu-
sion, avec les bouillons d'écume argentée pour
les vagues qui moutonnent. — Dans son *Calvin*
et dans son *Mendiant* on ne peut contester un
grand sentiment de tristesse, mais à force d'avoir
fait hanter à sa peinture les sylphes sur les toits,
M. Penguilly en est arrivé à illuminer ses toiles
avec de la farine ou de la neige.

PILS (1044). — *Soldats distribuant du pain
aux indigents.* Au camp des Invalides, par un
jour clair d'hiver, sous les squelettes d'arbres
exfoliés, il y a un furieux élan de têtes implo-
rantes, de mains ouvertes, de demandes furieuses, de prières tranquilles; et partout derrière la barrière un échafaudage de figures qui
ont faim. Quelques pauvres petits enfants ont

été admis à l'intérieur. Un soldat, agenouillé d'un genou, fait boire dans une tasse le plus jeune, tandis qu'il s'apprête de l'autre main à plonger une poche dans la gamelle, regardant ces têtes enfantines toutes tendues, toutes quémandeuses. Le petit garçon lappe longuement les mains derrière le dos ; un autre se mord le pouce, regardant amoureusement la terrine ; un autre semble dire des yeux : Et moi ? Les petites filles, moins affamées d'apparence, mais plus fatiguées, plus souffrantes, ont un petit air de rêverie indifférente d'un charmant concept. Les teints pâles brûlés de froid, les transparences des chairs enfantines, les imitations des étoffes, le bonheur de la composition, toutes les attitudes de la faim devant la soupe, l'émotion contenue et refoulée des soldats, font un bon tableau de cette aumône militaire.

PLASSAN. — M. Plassan a le sentiment de la chair ; sa fraîcheur est bien quelquefois fardée. Mais quoi ? ses femmes ne le sont-elles pas ? Après son *Déjeuner* (1053), le voilà presque l'aîné des petits Meissonier. La robe de la maîtresse, blanche, à petites fleurettes, a des miroi-

tements de soie des mieux réussis. La lumière
sautille de pli en pli, de cassure en cassure. La
Dorine regardant en dessous la rêveuse qui
tourne indolemment la cuiller dans une tasse
de Chine, a le nez au vent et l'œil plein de ma-
lices. La cafetière, et les tasses, et les accessoires, et les riens du service ; la jupe et le bout
de batiste, et le coin de ruban, les *fanfioles* de
la toilette, M. Plassan les attrape d'une grande
science et d'un grand bonheur. — Dans son
n° 1054, le *Lever,* le bas blanc tiré sur la jambe,
tout transparent des tons rosés de l'épiderme
avec son réseau de petits plis au cou-de-pied, est
un petit chef-d'œuvre.

PLUYETTE (1056). — *Les Bohémiens chassés
d'Écosse.* — « Enfin, l'époque fatale de la Saint-
Martin arriva, et il fallut recourir à des mesures
violentes pour les expulser. » La charrette at-
tend. Les ouvriers enlèvent à grands coups le
toit des chaumières, jettent à bas les portes et
les fenêtres. Dans les lamentations des femmes,
dans le bruit des marteaux qui démolissent,
dans le hurlement des chiens qui jappent un
adieu, les Bohémiens, les lèvres serrées, sans

mot dire, chargent sur les ânes les chaudrons,
les provisions, les canards, les poissons. Là, à
terre, c'est un violon, un fusil, un tartan rayé,
le fusil avec lequel déjà s'exerçaient les enfants,
le violon qui charmait le soir la famille de quelque ronde du pays perdu, le tartan dont se cou-
vrait, l'hiver, le maigre grabat. L'officier de
paix est sur le monticule, impassible, le bâton
de loi en main. M. Pluyette a amorti tous ses
tons dans une journée d'hiver, toute voilée de
brouillard ; cette scène désolée, il la fait passer
sous un ciel tout sombre de brume, avec une
triste éclaircie blanche à l'horizon. Son tableau
a de l'intérêt et de l'effet. Ses Bohémiens vrais,
non mannequinés, ne sentent ni la convention
ni le modèle.

ROUSSEAU (Philippe) (1119). — Sur une
table basse, vous voyez, dans l'arrière-fond
d'une cuisine, un pot de beurre, des salades,
des choux, un grand panier à œufs, un chat
qui tire à lui une volaille plumée. Un chaudron,
sur le bord duquel repose à plat une écumoire,
étale son ventre noir. Dans ce chaudron, s'agitent et rougissent des homards. L'un passe en

dehors du chaudron tout fumant de vapeurs blanches une patte qui n'est encore que violette. A côté du chaudron, déjà retirés, égouttés et d'un rouge admirable, deux autres homards sont déjà rangés, attendant leurs camarades. Le mur a le plus splendide portemanteau de lièvres et de volailles, le plus splendide et le plus gargantuesque. Par une porte s'entrevoit dans le fond un cuisinier qui tourne avec des airs de tête de Carême quelque savantissime sauce. M. Rousseau est admirable pour anatomiser une feuille de laitue, indiquer les détails microscopiques tout en gardant une touche large; il rend, comme pas un, les ardeurs du cuivre, les scintillements métalliques, les éclairs de la faïence, les lueurs bleuâtres des chaudrons émérites, les chairs des volailles plumées toutes lardées de plumetis. Le test corné des homards, étudié en sa cuisson, est travaillé avec des frottis de vermillon d'un inimitable capeux. — La traduction de La Fontaine du n° 1118 manque de relief et de lumière.

SOUPLET (1168). — Au fond, les lignes tranquilles du paysage champenois, intercepté

çà et là par les bleus rideaux de peupliers lointains; au premier plan, un petit étang où femmes
et hommes, entrés jusqu'au genou et groupés
deux par deux, emboîtent le mouton et le
lavent à grande eau. L'étang bleu blondit en
tons poudreux, et, sous cette large lessive, les
eaux chauffées de violet sale, passent d'un
grand naturel, par toutes les dégradations des
eaux troublées, à l'inaltérable outremer des eaux
dormantes.

VERDIER (1232). — *Découragement de l'artiste*. Un homme, la tête penchée, une main
tenant un crayon, appuyée au genou, serre
contre lui de l'autre main une femme qui se
penche et s'appuie sur son épaule. Il est vêtu
de velours marron. La femme a dans les cheveux des perles qui lui descendent sur le cou,
sa chemise lui quitte le dos et laisse à nu des
lignes jeunes et rondes. Elle a une jupe jaune
tendre à petites raies bleues et vertes, avec des
éclats de ton soufre aux lumières. La touche de
M. Verdier est large et pétillante; mais il charge
trop ses lumières. Il maçonne sa chair sans
marier le moindrement les tons, sinon par le

travail de la brosse, du moins par la concordance des couleurs juxtaposées. Ce défaut est patent par les brusques passages de tons dans le front de l'homme. — 1233. *Départ de conscrits.* — Des coqs, des poules, un chien qui fait envoler des pigeons, des enfants qui jouent, une fille qui se fait embrasser, des chaudrons qu'on lave, des chevaux qui boivent, des femmes qui prennent de l'eau, des conscrits enrubannés qui chantent autour d'un drapeau; toute cette scène est traitée avec cette même audace de brosse et de couleurs qui éclatent de tous côtés. Toutes les lumières répandues dans tout le tableau, accrochant un chaudron, un naseau de cheval, une joue, un ruban, semblent vouloir marcher l'une sur l'autre et se surmonter. La couleur trop entière de M. Verdier, — surtout dans cette dernière toile, — frappe trop aux yeux et fait trop de bruit à tous les plans du tableau. Nous préférons à ces deux toiles le 1234, *Portrait de M. F****, peint au premier coup, — un des bons portraits de cette année.

WATTIER (1263). — Le vilain paysage et l'amoureux pique-nique! la vilaine verdure et

les belles marquises effeuillant leur jeunesse
sur l'herbe de haute lisse! les vilains paquets
de feuilles, lourdes et plates comme des feuilles
de cactus, qui semblent des palets jaunes accrochés aux branches! le joli fouillis de mains
égarées et de seins onduleux, et de marquis un
genou en terre, et de voluptueuses en négligé
Pompadour, et de petites filles qui font la di-
nette dans un coin d'ombre, et de couples qui se
souviennent bouche à bouche, près des conques
de marbre! La collation est un prétexte à mille
poses, couchées, adossées, épaulées, caressan-
tes, gourmandes, pensives, paresseuses. Devant
cette collation de Meissclier, à peine effleurée,
comme elles rient! Comme elles se moquent!
De qui, de quoi ne parle-t-on pas? — C'est le
marquis qui prend ses maîtresses, des filles de
mode, au charnier des Innocents ; c'est Lyon-
nois qui vient encore de guérir un épagneul;
— c'est le petit Dunkerque qui vient de rece-
voir des écrans de Chine ; c'est, — dit-on plus
bas, — Boucher qui peint à l'hôtel de l'Arsenal,
et ceci, et cela, et l'Amour sans voiles. — Le
ravissant éventail, Monsieur Wattier! le ravissant tableau, si M. Français vous faisait le

paysage et se mariait à vous comme il s'est marié une fois à Meissonier!

ZIMMERMANN (1276). — Des nuages noirs amoncelés qui tourbillonnent comme d'épaisses fumées sur des pics décharnés et nus qui dentellent l'horizon ; pas un arbre dans ce désert de roches baigné d'une mer de sel, linceul empesté de Sodomes sombrées ; l'aspect volcanique, éboulé et bouleversé d'une terre hersée par un tremblement de terre. M. Zimmermann a réalisé la mort d'une vallée de Siddin.

Voilà bien, tout le long de ce Salon, des paysages que nous louons ; mais le paysage, compris comme il l'est par nos artistes, n'est-il pas la grande gloire du pinceau moderne? N'est-ce pas le paysage qui fait l'honneur de ce Salon de 1852? Salon que les promeneurs superficiels peuvent trouver médiocre, et que nous trouvons, nous, plein de promesses, plein d'œuvres, plein de tentatives, plein de belles luttes corps à corps avec la nature, avec le soleil? Ne regrettons point les grands et les superbes qui s'abstiennent, quand nous avons des humbles qui exposent et qui s'appellent Dupré, Ziem, Rousseau, Daubigny, Hoguet et tant d'autres. — C'est l'école du *petit genre,* autrefois si mésestimée, qui doit faire la fortune du XIXe siècle ; c'est celle dont nous avons essayé de compter les victoires. — Alors seulement on pourra sérieusement parler grande peinture et grand tableau quand Couture enverra au Palais-Royal ses *Enrôlés volontaires.*

MINIATURE — PASTEL — DESSINS
LAVIS D'ARCHITECTURE

MINIATURE

En dépit des beaux préceptes consignés dans le Traité de la Miniature, dédié à Mme la princesse de Guémenée par Mlle Perrot de l'Académie roïale ; des préceptes consignés dans l'Art de laver ou la nouvelle manière de peindre sur le vélin, suivant le coloris des desseins *qu'on envoit en cour,* dans l'Ecole de la Mignature, de de Piles ; dans le Traité élémentaire de l'Art de peindre en miniature, de Violet, dans les Lettres sur la Miniature, de Mansion ; en dépit de ces beaux préceptes et des portraits de Petitot, de Fragonard, de Hall, d'Augustin, d'Isabey, de Saint, il n'y a qu'un cadre de miniature qui mérite mention. Mais le reste!... le reste

est là sans doute pour apprendre au public
qu'on peut gagner sa vie à enluminer des gravures au pointillé.

HERBELIN (Mme) (622). — Sur deux feuilles
d'ivoire sont une brune et une blonde, admirables de travail, de faire, d'opposition : chairs
chaudes et dorées de la brune; chairs lactées
et transparentes de la blonde. Les impercep-
tibles travaux de la miniature, noyés et fondus
sous une touche large, se dissimulent et s'ef-
facent, et les figures se massent hardiment
d'ombres et de lumières. Robe blanche, toute
légère, toute soufflée, toute flottante; robe de
velours plaquée de sombre, aux contours lumineux; dentelles d'un point microscopique, si
bien tramées de gouache, si bien chiffonnées
au coude! Pour bien dessiner, Mme Herbelin ne
se croit pas quitte envers la couleur; elle essaye
heureusement à son petit genre la palette de
Van Dyck, et certaine paire de mains, dans un
de ses portraits, a l'air d'une paire de mains du
maître flamand vue par le petit bout de la lorgnette.

PASTEL

Maurice-Quentin de Latour, où êtes-vous?

FOURNIER-BERNARD (Mme) (493). — Non, de mémoire de Zeuxis, jamais on n'a vu plus triomphant trompe-l'œil ! C'est une tapisserie bleu passé, feuillagée de dessins en camaïeu, faisant fond au portrait de Mme B... Il nous a fallu venir au cadre, — mais vraiment! — pour constater que c'était bien et dûment une tapisserie de la fabrique de Mme Fournier-Bernard.

LAVIGNE (783). — *Tête d'enfant*. M. Lavigne, peut-être moins habile que d'autres, a encore beaucoup à étudier la nature, beaucoup à étudier Latour et Rosalba; mais au milieu de tous ces mariages de rose et de blanc, chargés de jouer la chair, c'est bien certainement lui qui a le sentiment le plus vrai de l'épiderme vivant.

LEBLANC (787). — Un jeune homme dans

un atelier, un carton à la main. Les étoffes
sont estompées au pouce avec ampleur. Dans
la figure, les points lumineux aux saillies du
front, de la pommette, du nez, sont indiqués
d'une touche de crayon délibérée.

DESSINS

Cette année, le dessin est pauvre, bien
pauvre, très pauvre. Rien, ou presque rien. Un
Vidal et un Bida, et puis c'est tout. Vainement,
à ces deux ou trois salles encombrées, vous
demanderez de ces aquarelles d'Hoguet, avec
ces premiers plans relevés de frottis de gomme.
ces ciels épongés, ces lumières enlevées au
chiffon; vainement vous demanderez un de ces
vieux murs râpeux, grenus, plâtreux, écla-
boussés, que M. Tesson fait si bien venir au
bout de son grattoir; une de ces fantaisies
amoureuses que M. Baron livre au papier-tor-
chon; un de ces carrés de papier bleu où
E. Ciceri jette un ciel, une écluse, un rideau
d'arbres, de quatre coups de crayon noir, d'une

traînée de crayon blanc, ou de ces pochades au
petit pinceau, grandes comme la main, où Ziem
fait tenir un soleil couchant, versant ses adieux
d'or; ou bien encore de ces descentes d'esca-
liers royaux, par Eugène Lami; de ces fêtes du
duc d'Orléans, toutes chamarrées d'uniformes,
tout égayées de parures, croquis qui semblent
badinés par un grand seigneur, en rentrant
chez lui, avant d'ôter ses gants paille; vainement vous demanderez un *Samson,* un *Combat
des Cimbres,* une *Répétition de singes,* de ces
prodigieux dessins à outrance de Decamps,
faits de toutes choses, travaillés de tous procédés, emportés de couleurs à l'huile dans les
lumières comme des esquisses de Benedette;
vainement vous demanderez de ces admirables
dessins de Gavarni, à dessous de fusain et de
crayon rouge fixés, et touchés par-dessus d'aquarelle, de crayon lithographique, de gouache, de
pastel; — de tout cela, l'Exposition est veuve,
et ce n'est pas au Palais-Royal qu'il faut aller
pour se faire cette opinion que l'aquarelle moderne, aidée de toutes les ficelles, atteint, entre
les mains de ces maîtres, à la vigueur et à la
solidité de la peinture à l'huile.

BIDA (111). — *Une Fellah du Caire,* un vase
en cuivre sur la tête; au front, une ferronnière
de sequins, et vêtue d'une chemise de toile
bleue qui tombe jusqu'aux pieds, chemise semblable à certaines robes de Bourg, en Bresse,
qui n'indiquent que le ressaut des hanches et la
saillie des rotules. L'Égyptienne laisse tomber
maternellement la main sur la tête d'un enfant
qui porte sur la paume droite, dans un geste
familier à tous les bambini arabes, une sorte
d'alcarazas. Il marche, l'œil fendu, le nez
épaté, de grands cercles d'argent aux oreilles,
un collier de grains rouges au cou; il marche,
la main de sa mère sur la tête, charmant de
toutes les grâces de l'enfance. — 110. *La
Bastonnade*. Une magnifique composition de
M. Bida, exécutée à sa manière. Des dessous
d'encre de Chine rehaussés de fines touches de
blanc, des ombres reflétées des petites égratignures des lithographies de Lemud, un travail
doux, menu, imperceptiblement haché, estom-
pant l'aspect général. Mais, cette année, nous
ne savons quelle sécheresse a ôté à M. Bida le
noir gras et suiffé de ses premiers dessins.

CLERGET (Hubert) (266). — *Château de Lude*. Peu de dessinateurs mettent plus d'esprit à leur crayon d'architecture que M. Clerget. Il sait parfaitement, dans le fouillis de la décoration, ce que la mine de plomb doit négliger, ce qu'elle doit indiquer, et, la plupart du temps, c'est avec un rien, un point noir, une volte de crayon, avec tous les bonheurs d'une pointe vagabonde, qu'il enfonce ou fait saillir les guipures de la pierre.

EUSTACHE (426). — *Intérieur de l'usine de Fourchambault*. Dessin travaillé de crayon noir, comme les dessins de Leleux. Toute la lumière est concentrée sur la coulée de fonte étincelante qui se reflète et se brise, et joue sur les poutres liées de l'immense charpente.

JOLY. — M. Joly a eu chez Susse de petites aquarelles limpides et perlées, et toutes pétillantes de lumière, d'un lavis très original.

LAGIER (747). — Un portrait de femme, où le crayon couché égrène le papier de larges frottis. La tête, d'un travail serré, se modèle dans de moelleuses demi-teintes. L'amazone, troussée cavalièrement, dessine de beaux plis sculpturaux, et, sans le secours des hachures, se croise de noir lithographique de main de maître. C'est par tout le dessin, un très heureux et très habile libertinage de crayon.

LALANNE (753). — Représente un chemin qui traverse un bois percé de clairières. Le feuillé, déchiqueté aux troncs des premiers arbres, se masse dans les fonds en de belles teintes chocolatées d'une photographie.

MASSARD (883). — Fidèle et consciencieuse miniature de la *Prise de la Smala.*

MILLET (924). — Une petite tête de femme. Du sentiment dans les yeux, du précieux dans le faire.

PELLETIER (1005, 1006, 1007). — M. Pelletier, qui en aquarelle a poussé la science de l'arbre le plus loin et qui se jouait le mieux des difficultés matérielles de ce procédé pour la reproduction exacte du feuillé, laisse envahir depuis quelques années ses aquarelles de tons sales et bourbeux.

SOULÈS. — Que M. Soulès plie sa feuille de whatman en deux ou en quatre, — grandes ou petites, — ses aquarelles sont toujours la même aquarelle depuis dix ans.

VIDAL (1245). — Près d'une petite étagère toute chargée de boîtes à bijoux et de fleurs, une jeune fille essaye et se met au doigt une bague qu'elle vient de choisir dans tous ces brillants. La jeune fille a de grands cheveux blonds ondés et relevés derrière la tête, flanqués de grosses roses rouges. Elle a une robe Louis XV de lampas vert tendre, rayée de grandes raies, sillonnée de grandes arabesques blanches. Un bout de velours noir lui fait le tour du cou. Elle a des perles aux oreilles. La jeune fille regarde sa bague : un prétexte pour voir ses mains. Petite blonde mutine, coquette jeunesse, moqueuse déjà et mauvaise comme une enfant gâtée. Jolie rieuse que vous êtes ! jolie veuve que vous serez !... et de taille à dire à votre femme de chambre, deux mois après qu'il sera mort, en regardant cette rivière de diamants, vos diamants de mariée : « Que ce deuil m'ennuie ! A propos de qui donc suis-je en deuil, Mariette? » — Les femmes de M. Vidal sortent d'un nuage d'aquarelle et de crayon, comme Vénus Astarté d'une écume de vague. Les têtes sont comme estompées de vapeurs dans les ombres ; les étoffes seules tiennent à terre ces êtres fragiles, veloutés comme l'aile d'un papillon, qui s'évanouiraient au baiser. C'est ce que sait M. Vidal, et il les habille d'un amour et d'un soin ! Le cassant et les reflets de la soie, le tournant d'un pli, il sait toute l'académie d'une robe par cœur. Une jupe, comme il la range, comme il la ballonne, comme il la bouffe, comme il la fait balayer le parquet et cacher une mule, vous le savez ; vous le saurez mieux encore après avoir vu le n° 1245. Ah ! les jolies histoires, Monsieur Vidal, les jolies histoires que vos filles d'Ève ! Et si vous ne dormez pas l'an prochain, contez-nous encore et toujours : *Fleurs et Bijoux*.

YVON (1271). — Dessin tout empreint des douces joies du jeu de dames et de la famille.

LAVIS D'ARCHITECTURE

AMOUDRU (1693). — *Château de Josselin.* Les guirlandes d'arabesques, les lettres enrubannées, les enroulements de guivres, les gargouilles fantastiques, les palmettes de la crête, les dentelures, les découpures, tout l'étrange, l'original, le riche, le capricieux, l'imprévu, l'aérien, le guilloché de cette féerique fantaisie architecturale, arrivent heureusement sur le papier.

DELTON (1701-1702). — Restauration intelligente de la mairie d'Orléans. Charmant plafond d'un détail d'exécution microscopique.

DESNUELLE (1705). — Très fidèle copie des fresques salpêtrisées de Notre-Dame-des-Doms.

LAISNÉ (1728). — *Portail d'Étampes.* Lavis d'un grand relief, statuettes bien conservées dans le goût gothique, détails bien retrouvés dans les masses d'ombre.

MAUGUIN (1735). — Curieux projet de salle de spectacle pour une ville de deuxième ordre, avec une statue de la Morale au fronton.

QUESTEL. — M. Questel, uni à M. Desnuelle, nous donne, dans une nombreuse suite de dessins, la complète décoration de l'église byzantine que la ville de Nîmes vient d'ouvrir au culte catholique.

STEINHEIL (1753). — M. Steinheil a exposé un véritable fac-similé d'un Crucifix du XIIe siècle; il a su traduire l'oxydation du métal, les fatigues de l'émaillure, les fissures, les éraflures, tout le travail de sept siècles sur ce morceau de cuivre.

TROCHU (1755). — C'est une très habile et très vraie restitution du Versailles du grand roi avec ses crêtes du toit, ses mansardes, ses deux pavillons-horloges dorés de bel or fin.

12.

SCULPTURE

BARYE (1295). — *Un Jaguar dévorant un lièvre*. Le jaguar, le train de devant sorti de terre, est aplati sur ses pattes de derrière, le ventre creusant le sol. Arc-bouté sur sa patte gauche, dont la tête d'humérus fait saillie au-dessus de la ligne serpentante et effacée de tout le corps, il fouille, d'un mufle court et arrondi, les entrailles d'un lièvre; il fouille, le cou tout plein de terribles gonflements. L'avalement de la croupe, mamelonnée de puissantes contractions musculaires, la souplesse des pattes de derrière, ramassées sous la bête, la tranquillité du dos, où la peau moins tendue se plisse sur le côté, la tension des muscles, les terribles froncements de la face, l'ampleur des mâchoires, les oreilles couchées, la mollesse de la patte droite, le travail de la robe, travail sans relief, travail de rayures couchées dans le sens du poil, les rampements faméliques, le beau dessin et la belle nature des raccourcis, l'opposition de parties de musculature au repos, de parties de musculature tourmentées, tout ce surprenant mélange d'élasticité et de force, font de ce bronze une de ces imitations de la grande nature féline, une de ces imitations au delà desquelles, nous le croyons sincèrement, la sculpture ne peut aller. Nous n'avons vu ni les chevaux de Calamis, ni les chiens de Nicias, ni les vaches de Miron, ni ce fameux chien de bronze se léchant une plaie, — un motif repris, l'an dernier, par M. Frémiet, — qu'on gardait au temple de Junon au Capitole ; mais nous avons peine à croire que jamais, en aucun temps, on ait égalé le prodigieux bestiaire de M. Barye. — Il se fait en ce moment en sculpture le mouvement que nous avons signalé en peinture. L'école historique se meurt dans l'art qui fait palpable comme dans l'art qui fait visible. C'est le paysage qui la remplace en peinture ; ce sont les animaux qui la remplacent en sculpture. La nature succède à l'homme. C'est l'évolution de l'art moderne.

Dans les sociétés antiques, où d'ailleurs le soleil provoquait au nu, le beau plastique était l'ambition, le but et le moyen de la vie. Écoutez Emeric David : « Une poitrine nourrie, des épaules fortes et souples, des reins soutenus, des hanches serrées et d'aplomb sous le torse évasé, les cuisses élastiques, les pieds légers, voilà les vrais biens, dit un philosophe, *parce qu'ils mettent en état d'entreprendre beaucoup de choses et de les exécuter.* » Mais dans nos sociétés modernes, où le beau des formes n'est pas coté, dans nos civilisations grelotantes sous le ciel froid, dans nos religions de pudeur, l'ébauchoir a beau chercher : le poème du nu est retourné à l'Olympe.

BLAVIER (1304).— *Buste de M. Tournachon.* C'est une tête à l'épaisse crinière, rejetée en arrière, au front découvert, au bas de la figure saillant, aux lèvres épaisses et charnues, tête forte et puissante, renversée à la Mirabeau. Terre cuite pleine de bravoure, terre cuite pleine de belles vérités de nature venues aux premières caresses de l'ébauchoir.

BONHEUR (Isidore) (1306). — *Cavalier chas-*

sant un Taureau. Groupe plâtre. Le cavalier a un petit air de tête antique, et le cheval s'essaie à ressembler à ses frères du Parthénon.

CAIN (1315). — L'aigle, les ailes déployées sur sa tête, les plumes hérissées, les serres contractées, la tête et le cou élancés comme un éperon de carène, la tête et le cou aplatis comme un reptile, regarde d'un œil terrible. Cet arrêt menaçant, cet aplatissement du cou et de la tête, qu'on accuse d'exagération, est d'un grand effet, et contribue puissamment à donner à cette sculpture ce caractère monumental que M. Cain porte en ses compositions. Admirable est l'exécution du détail. M. Fratin nous avait habitué à des aigles à écailles; ici les plumes, fortes ou légères, étudiées en leurs barbes, en leurs barbules, étagent habilement leurs lames tranchantes, et frémissantes qu'elles sont, semblent moulées sur nature. Il y a dans le cou des turgescences, des révoltes de plumes superbes. La queue, aplatie en éventail, se croise, se bifurque, s'enchevêtre dans un désordre de colère. Une patte de chevreuil dépouillée pend du rocher, droite comme un fil à plomb. Au bas de ces morceaux de roc, tout engluantis de viandes décomposées, pourrit une poitrine percée de ces vertèbres ; et sur cette charogne, le roi de l'air plane magnifique. — (1316). *Un Ibis chasse les Grenouilles.* Il court, rasant le marais, bec et pattes sur le même plan horizontal. Dans le sinus d'une jonchée de joncs, une batracienne est déjà prisonnière sous sa patte ; une autre se débat, happée au bout de son long bec. M. Cain est le plus habile traducteur du courlis hiéroglyphique.

CAUDRON (1323). — Un chasseur indien lancé au pas de course, la tête et la poitrine portées en avant, une bête morte sur l'épaule gauche, les reins ceints d'un pagne, court, la tête retournée. L'élancé de cette course, l'anatomie presque osseuse de la race indienne, le type de la tête, le bonheur avec lequel une plante qui grimpe soutient cette figure volante, surprennent l'attention.

CLESINGER (1332). — *La Tragédie.* La chevelure, relevée sous le bandeau royal d'une reine d'Euripide, descend enroulée de chaque côté du cou. L'épaule droite, dénudée, laisse filer droit le bras dont la main tient le poignard. La main gauche ramène sur la poitrine un coin du peplum. Le *chiton,* chiffonné à la gorge, se creuse, se boursoufle en les mille plis des étoffes de lin. Le peplum, tombant par grandes masses, se casse à la hanche, au genou, au cou-de-pied, en faisant de petits tuyaux d'un goût misérable. Dans le dos, le torse, comme enveloppé de linge tordu, se dissimule sous des paquets de bourrelets. Le ciseau de M. Clesinger est moelleux ; il amollit, il pétrit le marbre ; il met de la volupté aux muscles ; il coiffe avec goût ; son travail est quelquefois bien de la chair, mais il lui manque et l'ampleur de la composition, et la largeur du ciseau, et la sévérité du drapé ; il lui manque le magistral. D'ailleurs, il a eu le tort de croire qu'on fait la Tragédie en faisant une tragédienne, — fût-elle Mlle Rachel. Il a vainement essayé de masquer la nature maigre de son sujet sous la richesse outrée des draperies, mais par cela il est arrivé à une tête trop petite et disproportionnée. S'il avait bien vu la Melpomène du Louvre, ce colosse et cette grâce, il conviendrait avec lui-même que sa Tragédie est une grande statuette, mais n'a jamais été une statue.

COMOLERA. — Un héron renversé, une aile repliée sous lui, l'autre battant l'air, s'efforce, d'une patte crispée, à retirer la flèche qui l'a percé. La pose est joliment trouvée; les contorsions douloureuses de la tête sont pleines de vérité, et dans le bronze se hérissent bien les lamelles de plumes de l'échassier mourant.

CORDIER (1338). — *Époux chinois*. Groupe plâtre. *Hao-tsing-tsing!* Salut, chers époux, qui avez accordé au Salon, comme on dit chez vous, « l'illumination de votre présence! » Couple prédestiné, uni avec un cordon de soie par le vieillard de la lune *Youe-lao!* Que le dragon à gueule béante, en face votre toit, avale *Nioki* et mauvais sort! Que votre jardin fleurisse comme les jardins de *Youen-ming-youen!* Que toujours, sous les coups du maillet de bois, le *loo* vous chante harmonieusement ses musiques métalliques! Que jamais le *long-tsing* ne manque à vos tasses! Je vous aime, chers mariés; et sur ma carte de félicitation je vous dessinerai un enfant, un mandarin, un vieillard accompagné d'une cigogne, car je vous veux les trois félicités : un héritier, un emploi public, une longue

vie. — L'homme et la femme, à côté l'un de
l'autre, sont vus jusqu'à la ceinture. La femme
a une robe de soie à larges manches, attachée
de *yu* d'argent, par-dessus un vêtement plus
long. L'homme porte un grand spencer à manches, le *ma-koua* de son pays. Il n'a ni barbe
ni moustaches, car il n'a ni soixante, ni quarante ans. La queue, qui lui part du sommet de
la tête, vient reposer sur son épaule. A la main,
il tient une petite pipe à opium. Derrière lui est
une sorte de dossier, formé de grecques en bois
de fer. La femme ne laisse plus pendre ses cheveux en longues tresses, ainsi qu'elle faisait,
jeune fille ; elle les a relevés et évasés sur le
haut du front ; elle les a aplatis en masse et re-
montés derrière la nuque, comme une coiffe à
la Isabeau. Et là-dessus, sur ces cheveux ainsi
montés, elle a placé la grande parure, l'orne-
ment d'or et de bijoux, le *fong-hoang,* le phénix
chinois. Aux oreilles, elle s'est accroché les papillons filigranés. En main, elle tient son éventail. Derrière elle, sur une petite pagode, sont
ses bottins de quelques pouces. Les sourcils
se dessinent en une belle ligne courbe, compa-
rable à la feuille du saule printanier ; ses ongles

sont longs comme les griffes du bradype. Elle jette un regard moelleux de ses yeux obliques. C'est une sœur de la *Siao-man* du poète, une jeune immortelle du ciel de jade. — Le mari a le front et le bas du visage fuyants et inclinés en arrière, les lèvres proéminentes, le nez épaté, les narines écartées comme un Éthiopien, les sourcils relevés à l'extrémité. Il est beau, lui aussi; mais, hélas! il lui faudra manger encore bien des plats de *pé-tsai*, arrosés de bien des coupes de *siou-hen-tsou*, pour devenir un personnage considérable, l'air *tchong* et « de bonne mesure », et bien emplir un fauteuil.

ELMERICH (1374). — *Guillaume Tell et son Fils.* Plâtre. Tranquille et contenue est la joie de Tell. La pose du fils, qui se renverse sur le genou de son père pour lui mieux sourire, se contourne d'un heureux mouvement.

FAROCHON (1383). — *Saint Jean-Baptiste.* Statue en pierre de Conflans. Certes, il y a dans le *Saint Jean* de M. Farochon un effort de grandeur, de terreur, de simplicité évangélique. La retraite du corps jette en avant la main qui annonce le ciel. La bouche est largement ouverte et vraiment criante, *clamans in deserto*. La robe, fendue aux bras, étoffe de grandes masses tombant à plis droits, l'ossature macérée du saint, et plaque à ses jambes maigries. Un reproche : M. Farochon croit-il que, pour faire saisissant et de relief, il soit nécessaire d'indiquer ses plans de chair comme par des coups d'ébauchoir carré, qui donnent à toute la tête, à toute une œuvre amenée au dernier point, le caractère d'une esquisse de glaise ? — M. Farochon a encore exposé *la Fermeté,* un rébus sculptural. Au Salon de 1779, Jollain avait représenté un individu ailé qui démêlait un écheveau de fil d'or dont une femme tenait les bouts ; un autre individu ailé repoussait les nuages ; — et ce trio représentait le : *Rétablissement des finances sous M. de Necker!*

FERRAT (1390). — *Vase en bronze.* Un vase autour duquel court une frise à l'antique de femmes et d'enfants ; au-dessous de la frise est écrit : « Αναφορα εις αφροδιτην. » Deux Charites, les bras en l'air, leurs draperies flottant derrière elles, s'envolent de chaque côté du vase, qu'elles effleurent encore du pied, et lui forment comme

d'aériennes anses. L'idée est heureuse et charmante, et l'on peut dire de cette imagination ce
que les anciens disaient de certaines délicatesses
de l'esprit : « C'est un bouquet de roses des
montagnes de Piérie. » Mais la frise est mal
agencée, mal fouillée, mal dessinée, malgra-
cieuse, et ne vous rappelle ni l'Εἰσ ερωτα, ni
l'Εἰς ρόδον.

FRÉMIET (1398). — M. Frémiet a rompu
cette année avec la grande bête, et, selon nous,
il a bien fait. Le chat et le chien, l'arrêt de l'un
sur un escargot, la conspiration de l'autré contre
la jatte de lait, l'honnête homme de chien, le
coquin de chat ; Belaud « si gentil, sinon alors
qu'il dégaine cela dont il égratigne » ; Peloton
« qui n'a guerre qu'aux mouches », voilà ses
vrais modèles, j'allais dire ses vrais amis. Aujourd'hui, Belaud s'est jeté après cette volaille
pendue à ce clou sur ce panneau de bois. Il a
glissé d'abord ; il a éraillé le panneau de ci, de
là ; mais il a fini par prendre griffe ; il a passé le
mufle sous le poulet, s'est cramponné sur son
train d'arrière après le bois et a jeté ses deux
pattes de devant au cou de l'animal, dont il dé-

jeune. Le mufle rengorgé, les yeux presque enfouis sous les joues qui remontent, il travaille la tripaille du poulet de toutes dents ; ses babines appétent, ses moustaches raidissent, les bulbes de son museau se gonflent ; il mord, il suce, il pompe, la tête dans ce ventre ! Le travail de peau de la volaille, cet épiderme gaufré comme du maroquin du Levant, le plumetis qui est demeuré au dos, l'écaillé des pattes, l'œil clos et mort, sont d'un faire surprenant : c'est le poulet même. La croupe du chat, le hérissé du poil, l'effort et le renflement de la colonne vertébrale dans cette gourmande suspension, sont aussi très habiles, et d'une très scrupuleuse étude.

GAYRARD (Paul) (1402). — *La Cerito*. Et ce n'est qu'un buste ! Pas un mot de ces beaux bras, qu'on noue et qu'on dénoue si bien ! Est-ce qu'il ne restait plus, ô nymphe dansante, un morceau de Paros pour y fouiller vos petits pieds fiévreux, pieds de Bacchante et de Camargo, vos petits pieds toujours bondissants aux carillons de l'orchestre ? Pourquoi, de toutes vos grâces folles, emportées et bruyantes, M. Gayrard n'a-t-il gardé que la grâce muette de votre

13.

sourire ? Il l'a si bien chanté sur le marbre, votre sourire, et la volupté de vos lèvres fines, et votre nez fin, et votre petit front en fuite, et votre coquet menton rond ! Il a fait de vous un si charmant buste, qu'on regrette à le voir, Madame, qu'il n'ait pas fait descendre jusqu'à vos souliers de satin la guirlande de roses qui vous met à l'épaule son rouge baiser.

LESCORNÉ (1456). — *Ariane*. Marbre. La délaissée est étendue sur un rocher, la tête renversée dans un mouvement de désespoir. Cette tête, vue de profil et en dessous, présente le plus beau caractère de l'anéantissement ; les yeux se ferment, la bouche s'entr'ouvre, les muscles détendus s'affaissent dans ce spasme de l'âme. Le corps se développe avec bonheur, les contours sont coulants, et, sous la caresse du ciseau, le marbre rondit, moelleux.

MAINDRON (1466). — *Geneviève de Brabant,* plâtre. — Les cheveux, retroussés au sommet de la tête, retombent en grappes ; le front est bas et bombé ; les yeux sont rapprochés et profondément enchâssés ; le bas de la figure fuit dans un de ces raccourcis charmants qui caractérisent les têtes de la Renaissance. Geneviève se présente de profil, la tête inclinée et de face, la partie supérieure du torse en retraite, la hanche saillante et rebondie, la main droite posée sur le dos de la chèvre, placée derrière ; l'épaule tombe avec grâce, la gorge s'attache juste, le ventre est plein d'élasticité ; les montants des hanches robustes et puissamment emmanchés, les cuisses à pleine chair, dessinent de grasses courbes, et tout le corps à beaux méplats est bien ressenti, bien modelé.

PASCAL (MICHEL) (1485). — Deux petits garçons, deux frères, sont à genoux sur un oreiller, et accoudés sur un banc gothique. Un gros livre à grands fermoirs est sur le banc ; et tous deux regardent ensemble les très excellentes miniatures. Le plus jeune a les cheveux ras sur le sommet de la tête et tombant de chaque côté sur les oreilles. Il a un petit pourpoint lui serrant le bras jusqu'au coude, et de là laissant flotter de larges manches. Il a le maillot et de petits souliers à la poulaine. L'autre, le frère aîné, a un petit toquet sur la tête et une grande robe qui lui descend jusqu'aux pieds, avec les plis naïfs et cassés aux angles de la sculpture sur bois. Le plus jeune s'épaule sur l'aîné, et chez les deux enfants c'est le même recueillement à regarder. Ce petit groupe d'une délicatesse et d'une distinction extraordinaires, d'une sagesse d'accessoires méritoire, de cette grâce maigre et souffrante qui semblait morte depuis les maîtres tailleurs de pierre du XVe siècle, d'une délicieuse simplicité de sujet, et de poses, et de têtes, ce petit groupe est un merveilleux et charmant ressouvenir de l'art du moyen âge rajeuni et ressucité.

OTTIN (1504). — *Polyphème surprenant Acis et Galathée,* profil d'achèvement de la fontaine monumentale du Luxembourg. On ne peut refuser à l'antithèse de cette figure sauvage surplombant cette scène d'amour, le mérite de l'originalité.

PAUTARD (1510). — *Le Silence,* bronze. Cette statuette, — commandée sans doute pour une communauté de femmes, — se drape en larges plis. La figure, maigre, allongée, pensive, est d'un bon sentiment gothique.

POITEVIN (1517). — *Judith,* groupe de deux figures, plâtre. Judith lève les yeux vers le ciel. M. Poitevin est entré dans le caractère de la Corday d'Israël. Les lèvres sont fortes, la figure pleine, les traits robustes, les ailes du nez renflées. La force des bras et l'énergie du cœur respirent dans cette femme charpentée pour les héroïsmes virils. Les deux mains jointes sur le glaive, tépide de sang, elle s'humilie fièrement devant le Seigneur. Le haut du corps est ceint d'une chemise ; aux reins s'attache un morceau d'étoffe mis et enroulé comme la *foutah* d'une femme d'Alger. Le pauvre habillement que voilà, Monsieur Poitevin ! et la coiffure magnifique sur la tête, et les habits de sa joie, et la chaussure très riche, et les bracelets, et les lys d'or, et les pendants d'oreilles, et les bagues, où est toute cette opulence dont nous entretient l'Écriture ? Nous n'avons que des éloges à donner au second personnage du groupe : la servante. Le nez courbe, les yeux fendus et fuyant vers les tempes comme dans les graphies du tombeau du roi Séti Ier, à Thèbes, le menton court, les pommettes saillantes, la face ramassée, ce voile qui mange le front et qui part des sourcils, ce collier plat, ces seins découverts et un peu nubiens, cette pose accroupie comme le rémouleur antique, ces deux mains empressées, l'une qui tâte la tête, l'autre qui ouvre le sac ; tout cela fait une figure excellente de type et de modelé. La tête d'Holopherne, avec ses flots de grande barbe peignée et ondée à la persane, nous a rappelé les plus caractéristiques boiseries de Jean Rupin.

PRADIER. — Et nous allions reprocher à cette *Sapho* d'être endormie en sa pose, et de n'avoir rien de ce lascif, de ce palpitant amoureux, l'ὑγρόν des Grecs ! Pradier est mort hier à onze heures du soir, à Bougival... Devant la mort, ce ne sont plus les œuvres qu'il faut voir, c'est l'œuvre ; et celle de Pradier a toujours été vivante de chair ! elle a toujours consulté l'antique et toujours elle a été moderne ! Ç'a été tout le long de jours doucement glorieux, des nymphes, des divinités sourieuses, des muses aimables ; mais toujours d'un mouvement antique, il faisait une désinvolture contemporaine, et les plus belles, les mieux prises en leur gentil corps de notre temps se pouvaient reconnaître en la frise enchantée du facile Polyclète... Comme en un chœur de danse charmé par Olympus, dans toute son œuvre, les poésies légères sont couronnées de fleurs et frappent du pied la terre... Comme en un chœur tragique, depuis hier les muses de Clodion pleurent sur une urne de marbre blanc...

RUDE. — *Calvaire,* groupe en bronze. Un Christ soufflé, aux dessous anatomiques complètement dissimulés, une Vierge dans le goût de dessin des pierres tombales du XIVe siècle, une belle tête d'apôtre d'un caractère tout moderne, des ornements semblables à la décoration de certains poètes allemands, font du calvaire de M. Rude un discordant assemblage en tous les styles.

GRAVURE

HENRIQUEL-DUPONT (M.) n'a pas exposé.

BUTAVAND (1554). — Remarquable *fac-simile* d'un dessin de Raphaël, une des bonnes gravures, dans cette suite de reproductions des dessins de nos grands maîtres, commencée en 1848, et que nous espérons bien voir se continuer. Cette calcographie compte déjà des planches d'un mérite et d'une fidélité bien supérieure à tout ce qu'ont tenté les Anglais dans ce genre. Nous citerons entre autres, de M. Alphonse Leroy, que nous regrettons de ne pas retrouver au Salon, une Vierge de Raphaël, une tête de Van Dyck, une Vierge du Corrége d'une imitation photographique. Nous citerons cette année, de M. Lefman, une tête d'André del Sarte à la sanguine où la gravure, montée comme un dessin ancien, joue à s'y méprendre l'original.

• DAMOUR (1558, 1559, 1560). — Eaux-fortes chaudes et colorées comme les meilleures de Marvy.

LAVIEILLE (1583). — L'habitude du cuivre donne aux dessins de M. Jacques le caractère de l'eau-forte, et M. Lavieille est arrivé à obtenir du poirier les effets des eaux-fortes de M. Jacque.

• MASSON (1594, 1595, 1596). — Que M. Masson feuillette *l'Artiste,* il trouvera, signé de lui, mieux que ce qu'il a fait cette année.

O'CONNEL (1602). — Mme O'Connel met à sa pointe le coloris de sa brosse ; et les trois eaux-fortes qu'elle expose semblent détachées de l'œuvre du maître anglais Guillaume Baillie.

PROVOST (1616). — *Les Noces de Cana.* — Harmonieuse et colorée traduction de la grande toile de Véronèse. Les chairs, sans être empâtées de points, mollissent sous les tailles ; les têtes sont d'une ressemblance frappante ; mais les fonds manquent d'air. Quelques figures de second plan sont estropiées, et le travail du burin, trop uniforme dans les étoffes, ne distingue ni le velours, ni le brocart, ni le lin, ni le drap.

REGNAULT (1618). — *Bas-relief de la Fontaine des Innocents.* — Ces trois femmes, moelleusement pointillées dans les fuyants des chairs, avec des plis doucement taillés, traversent la légère gravure de M. Regnault, gardant toute la grâce, la légèreté, la rondeur du ciseau de Goujon.

RIFFAUT (1624). — *Henri II.* — Très intelligente gravure en couleur des crayons du XVI⁰ siècle qu'édite M. Niel; à notre avis, d'une exécution au moins égale à la *Cour d'Henri VIII* d'Holbein.

SOTAIN (1632). — Trois gravures sur bois. M. Sotain semble avoir changé trois fois de pointe, pour rendre successivement le naturel de Loutherbourg, la façon sèche d'Albert Durer, le gracieux de Fragonard.

THEVENIN (1633). — *La Vierge à la croix.* — De la mollesse dans les chairs de l'Enfant Jésus.

LITHOGRAPHIE

L'art d'Aloysius Senefelder est bien loin de ces premiers essais. Ce mode de reproduction, mis en doute dans le principe pour tout ce qui était du domaine de l'art, fait aujourd'hui une redoutable concurrence à la gravure, et l'on peut se demander, quand les procédés lithographiques seront poussés au dernier point, quand la litho-teinte se nationalisera parmi nos artistes français, l'on peut se demander si la lithographie ne tuera pas le burin, ce traducteur toujours un peu guindé de la manière du maître. Diderot avait comparé la gravure à une traduction en prose d'une poésie étrangère. Avant le XIXe siècle, la grande ressource des gens de verve et de couleur qui voulaient arriver au public en dehors de tailles réglées avait été l'eau-forte, interprétation difficile qui exigeait un Rembrandt. Mais voilà la lithographie, toujours prête à l'idée, toujours docile à la main, *facsimile* plus libre, plus vrai, plus facile ; les peintres se font dessinateurs sur pierre, et, en

quelque vingtaine d'années, font passer la nouvelle découverte des essais embryoniques d'En-
gelmann aux magnifiques planches que nous
avons sous les yeux. C'est Géricault livrant à la
pierre ses croquis michelangesques ; c'est Bonington et ses imitations moelleuses du crayon
sur le papier, et ses jeux d'ombre et de lumière d'une si douce estompe ; c'est Delacroix
avec ses furieuses illustrations de *Faust ;* c'est
Harding aux ciels transparents, irisés de nuages
blancs, ciels plus doux que les caresses de
l'amadou sur le noir de fumée, aux villes, aux
arbres de second plan crayonnés d'un invisible
crayon, aux premiers plans tout étincelants
de *micas* lumineux ; c'est, après Harding, Ciceri
portant sur la pierre les teintes grises de la
mine de plomb, travaillant à larges touches de
crayon épointé et, qu'il représente la campagne
feuillue ou qu'il représente les vieilles rues de
Quimper, les vieilles rues de Troyes, perdant
et noyant toujours le grain lithographique ;
c'est Decamps mettant quelque chose de ses
dessins en ses lithographies ; c'est Isabey tein-
tant les lointains, la mer et la plage mouillée
de ces nuages que le pouce étend avec le fu-

sain; c'est Haghe, c'est Boys cherchant dans l'encre lithographique les beaux noirs et les belles teintes dégradées de l'encre de Chine; c'est Nanteuil faisant passer sur ses planches le coloris des tableaux qu'il copie; c'est Dauzats traduisant de sa touche magistrale l'architecture du Languedoc; c'est Lemud, qui, de cette demi-teinte doucement charbonnée, de toutes ces ombres toujours éclairées de petites égratignures blanches, soit qu'il les hache, soit qu'il les abandonne aux griffonnements artistiques de son grattoir, fait saillir, poétiques et enchantés, *Maître Wolframb, l'Enfance de Callot, le Convoi de l'Empereur, les Dénicheurs, Hoffmann, la Légende des frères Van Eyck;* c'est Français, Prout, Sabattier, Durand, Balan... c'est Gavarni avec ses noirs de velours, ses demi-teintes de kepseake, ses frottis de bouchon, avec ses éraflures de grattoir, avec l'inépuisable trésor des découvertes de chaque jour. L'un après l'autre, chacun apporta ses procédés de dessin, son mode de crayon, ses ficelles du lavis.

La lithographie, enrichie de tous ces apports, devint la traduction artistique par excellence; et comme elle alliait au mérite de l'art le mérite

du bon marché, elle devint le mode de reproduction employé par les grands ouvrages.
Après les *Voyages dans l'Ancienne France* sont
venues toutes ces publications que vous avez
vues derrière la vitrine de Gihaut : les *Artistes
contemporains,* les *Artistes anciens et modernes,*
les *Peintres vivants,* etc. C'est le terrain où se
sont rencontrés les lithographes purs et les lithographes peintres. D'un côté, ç'a été la
lithographie sage, régulière, admirablement
travaillée dans les procédés reçus, très soigneu-
sement croisée de noir, trop souvent une lithographie de graveur ; de l'autre, la lithographie
toute pleine de flou, toute chercheuse de nouveau, toute originale, toute hardie, toute peinte.

ANASTASI (1639). — *Moisson,* d'après
M. Lambinet. Harmonieuse lithographie. Le
crayon joue pittoresquement dans les blés ; le
chemin s'égrène ; les masses de feuillé, bien in-
diquées, sont d'un faire plus large et moins dé-
taillé que ses premiers essais.

LEROUX (1671, 1672, 1673). — Beaux noirs,
bel estompage de fonds, spirituelle touche des
premiers plans.

LOUTREL (1674). — *Natures mortes,* d'après M. Philippe Rousseau. Merveilleuse copie du faire et de la couleur du peintre.

MOUILLERON (1677). — Moelleuse lithographie d'une douceur et d'un agrément de crayon incroyables. Cet *angulus ridens* de M. Bodmer, une des plus artistiques planches de M. Mouilleron, est bien près de nous faire revenir de notre opinion de tout à l'heure.

SOULANGE-TEISSIER (1687). — *Intérieur d'atelier,* d'après M. Decamps. Un singe en jaquette est en train de peindre avec toutes sortes de grâces simiesques. Une palette, une pipe, un pistolet, un vase de Chine, — le mobilier du lieu, — miraculeusement sortis de cet intérieur velouté de crayon lithographique.

JULES DE·GONCOURT.—_Tannerie à Sienne (1856)_

LA PEINTURE

A

L'EXPOSITION UNIVERSELLE

DE 1855

I

La peinture est-elle un livre? La peinture est-elle une idée? Est-elle une voix visible, une langue peinte de la pensée? Parle-t-elle au cerveau? Son but et son action doivent-ils être d'immatérialiser cela qu'elle fait de couleurs, d'empâtements et de glacis? Sa préoccupation et sa gloire, de mépriser ses conditions de vie, le sens naturel dont elle vient, le sens naturel qui la perçoit? La peinture est-elle, en un mot, un art spiritualiste?

N'est-il pas plutôt dans ses destins et dans sa fortune de tenter les yeux, d'être l'animation matérielle d'un fait, la représentation sensible d'une chose, et de ne pas aspirer beaucoup au delà de la récréation du nerf optique? La peinture n'est-elle pas plutôt un art matérialiste, vivifiant la forme par la couleur, incapable de vivifier par les intentions du dessin, le par-dedans, le moral et le spirituel de la créature?

Autrement qu'est le peintre? — Un esclave de la chimie, un homme de lettres aux ordres d'essences et de sucs colorants, qui a, pour toucher l'âme, du bitume et du blanc d'argent, de l'outremer et du vermillon.

Croit-on, au reste, que ce soit abaisser la peinture que de la réduire à son domaine propre, à ce domaine que lui ont conquis le génie de ces palettes immortelles : Véronèse, Titien, Rubens, Rembrandt? grands peintres! vrais peintres! flamboyants évocateurs des seules choses évocables par le pinceau : le soleil et la chair! ce soleil et cette chair que la nature refusa toujours aux peintres spiritua-listes, comme si elle voulait les punir de la négliger et de la trahir!

II

Cependant, où en sont, au XIXe siècle, les deux grands partis et les deux grandes écoles?

Une tentative a été faite pour remplacer par un élément laïque, par une inspiration humaine, l'inspiration et l'élément divin de la peinture ancienne. Un spiritualisme nouveau a placé ses efforts sous le patronage .moral de l'Imagination. L'art de Raphaël était amené tout doucement des exaltations pieuses aux fièvres de la poésie, du surnaturel catholique au surnaturel de la fable moderne. A la représentation des vertus théologales succédait la représentation de ces âmes vivantes et comme lumineuses sorties du cerveau des sublimes rêveurs. La toile, veuve de l'Évangile, se donnait à la légende. Les peintres ne couronnaient plus d'épines, mais de mélancolie. Ils n'avaient plus les angoisses saintes, la tragédie du Calvaire, ils voulaient tirer notre cœur jusqu'à nos yeux, en chantant la passion du Génie ou de l'Amour, le cantique des souffrances morales.

Un homme d'un esprit supérieur, M. Ary Scheffer, a été le chef de ce spiritualisme rajeuni et accommodé au tempérament du siècle. Et certes, si la théorie nouvelle avait dû être une révolution au lieu d'être un accident dans l'histoire de l'art, si elle avait dû découvrir un monde au lieu de révéler un talent, — M. Ary Scheffer était le prédestiné qui devait l'appeler à cette haute influence, à ce grand avenir. Une native tendresse, un instinct pudique de la ligne, la familiarité et le culte des poètes, la vision, la lecture et la science, le filleul de l'Allemagne unissait toutes ces choses en lui à un point unique et admirable. La Mort vivante, l'Enfer psychique de Dante, où flottent, enveloppées de leurs douleurs, les ombres jumelles, et la Tentation de la Vierge curieuse, de la Marie-Ève de Gœthe, lui seul pouvait oser les incarner.

Mais la tentative n'était qu'une erreur ingénieuse, condamnée par ses succès mêmes. La peinture est fille de la terre. Il faut qu'elle prenne pied pour lutter et vaincre. Essai impuissant et stérile du peintre que de vouloir, avec son art fini et limité, enfermer dans un cadre le parfum d'une pensée, le souffle d'un poète, l'haleine d'un chant ! — Qu'est-ce encore cette inspiration demandée à une autre inspiration, cet art qui s'emprunte à un autre art ? N'est-ce pas de lui-même et de la nature que le peintre doit se tirer tout entier, — même le peintre d'histoire, pour qui l'histoire ne doit être qu'un décor ?

Du pinceau contre la plume la lutte est, selon nous, mauvaise. Les questions d'écoles ou de procédés sont de peu ici : le *Roméo et Juliette* du coloriste, comme la *Francesca* du dessinateur, prouvent que le duel avec le Dante et Shakespeare, — qu'on soit Delacroix ou Ingres, — est le duel de Jacob avec l'Ange.

III

Comme dans toutes choses humaines, l'équilibre n'est maintenu, dans les choses de l'art, que par la loi des contraires, la lutte et l'opposition des courants. — Soudain une armée s'est levée contre le sentimentalisme.

« Halte-là ! — crie la bande des enfants terribles du matérialisme ; — et que diable disputez-vous, Raphaëls et Jordaens que vous êtes ? Votre *casus belli* est une question d'empâtement. Paix donc ! Saluez : je suis le monde nouveau ! Je ne suis ni une école, ni une église, ni une idée, ni une foi : je suis la Vérité ! J'ai défendu l'imagination à nos yeux, à nos crayons, à nos pinceaux : la Nature, c'est moi ! Vous lui prêtiez, vous la pariez : je la déshabille. Vous cherchiez : je rencontrais. Vous aviez des dédains, vous, et vous autres des dégoûts : tout est, tout a le droit d'être. Je ne fais pas de tableaux, je les ramasse. La création est responsable de mes toiles. Vous étiez peintres : gloire à moi ! Je suis chambre noire !

— Assurément, — répondit un sourd au manifeste, — le daguerréotype est une belle invention ! Le grand tort qu'ont eu les *réalistes* sans le savoir du bon vieux temps, les Ostade et les Téniers ! S'ils avaient songé à baptiser leurs œuvres d'un sobriquet scholastique, — quel gros embarras les modestes Lenain de notre siècle auraient eu à bâtir leur famosité. »

IV

Et pour que la lutte ne chôme jamais entre l'idéal incarné et la matière glorifiée, contre le réalisme l'allégorisme est accouru : bande légère de petits poètes légers et riants, élèves de M. Ingres et de M. Émile Augier, habillant à l'antique des pensers menus et délicats, peignant des odelettes, jouant avec d'innocentes énigmes, ramenant Berquin d'Athènes, groupant le monde autour du Guignol des marchandes d'herbes. Anacréons de la petite Provence !

V

La peinture religieuse n'est plus.

La peinture religieuse, la figuration du monde de la foi, la représentation d'abstractions et de créations dogmatiques ne peut être qu'à la condition d'être servie ou plutôt confessée par un art convaincu, dont l'œuvre soit une œuvre votive, un hommage agenouillé, le *credo* de la forme et de la couleur. Peut-elle être alors que le peintre achète ses pinceaux en ces officines de chimie où le tonnerre de Jéhovah, mis en bouteille de Leyde, se vend à tant l'éclair? Et comment jaillirait-elle, avec ses ardeurs et ses naïvetés anciennes, de ces triomphes de logique, de ces apothéoses de la science qui sont notre siècle même.

L'ardeur d'une croyance toute neuve, l'élan d'une religion neuve et militante, les rêves de l'humanité tournés vers le service de Dieu, le souffle d'en haut, le ravissement, l'extase, toutes ces choses sont nécessaires à la peinture religieuse. Et cela est si vrai que le don de cette peinture n'a pas été attribué à toute l'Europe catholique : il n'a été attribué qu'aux tempéraments bouillants, qu'aux imaginations débordantes, qu'à la foi enflammée de l'Espagne et de l'Italie; seuls les pays de l'Inquisition ont eu des peintres religieux.

Et qu'étaient-ils, ces Espagnols, ces Italiens, qui ont fait toucher l'Évangile aux peuples? Des hommes au sang de feu, microcosmes des fièvres de la patrie, natures révoltées et sans règle, des hommes rattachés à Dieu par une foi emportée comme leurs passions, par un culte violent comme leurs amours; pécheurs vivants dans le tumulte de leurs sens, qui ensanglantaient la croix de Jésus des blessures de leur cœur jaloux, du sang de leur âme turbulente et déchirée. Et les seules Vierges, nées d'une palette, ne nous viennent-elles pas du pays où le culte de la Vierge est encore aujourd'hui entouré des adorations humaines de l'amour?

Les Allemands ont voulu renouer la chaîne brisée.

Mais quoi? — L'art protestant est-il appelé à recréer la peinture religieuse? — Ce moine envieux, raillant et rognant dans cette pompe théologale, menée par le César Auguste Léon X, qui menait le Beau devant Dieu, — c'est Luther. Quelle foi appauvrie, assombrie, sort de cette foi née en Judée, dans le soleil, bercée dans les mystères, parfumée de mille légendes! C'est l'éternelle victoire de l'Occident, du Nord sur le Midi : c'est la Réforme. O peintres! quels délices, quels rayons demanderez-vous à cette religion d'hiver, à cet Évangile discipli-

naire, à ce Dieu fait de raison, au temple ico-
nophobe qui a proscrit de ses murailles nues
le *sursum corda* des chefs-d'œuvre ?

Hélas ! vains efforts que les efforts des
crayons de Kaulbach et de Cornélius, quêtant
le céleste et l'idéal ! Seules, elles répondent à
l'appel les lignes sèches et sévères d'une pratique tout humaine, d'une habileté inespérée.
En la nouvelle Jérusalem de la peinture, les
anges ne descendent pas du ciel, ils montent
de la terre ; ce n'est pas cette Jérusalem, une
cité mystique, une cité de Dieu, mais une
haute demeure que peuplent les pensées des
hommes ; et ce sont des muses morales qui en
ouvrent les portes d'or. Des pensées aériennes,
des personnifications volantes ont remplacé
toute cette cour légendaire des trônes et des
dominations dont le catholicisme entoure Dieu.
Rien ne vit en ces toiles incolores de la peinture
religieuse ; un vague philosophisme habite seul
ces limbes où se promènent des apparences d'i-
dées. — Ils croyaient que leurs cartons allaient
chanter joyeux l'hosannah d'une seconde Renaissance ; voilà qu'il ne s'échappe de tant de
travail et de pages si grandes qu'un hymne

désolé, la funèbre déploration de l'art du
XVIe siècle, de ses allégresses et de ses rayonnements. Et pourquoi tant d'heures perdues à
étudier Raphaël? Et comment auriez-vous
retrouvé le secret de son génie? Il était la
grâce mûrie de Pérugin, parce qu'il était l'*alle-
luia* de la religion en fleurs, de ses conquêtes
par tout le monde, de ses conquêtes par toutes
les âmes, de son sourire, de son épanouisse-
ment, de sa paix et de sa sérénité.

VI

La peinture religieuse ainsi morte, il reste
aux peintres du XIXe siècle la peinture d'histoire; mais, contrariée et comprimée par l'uniformité des costumes, l'économie des accessoires, la monotonie et la monochromie des
scènes contemporaines, cette peinture a été
forcée de se réfugier dans le passé, partant
dans l'imitation. — Il reste aux peintres du
XIXe siècle la peinture de batailles; mais cette
fille de Salvator, détournée de sa fougue, de
son tourbillonnement, de son caprice, de sa

fureur, a été asservie au *Moniteur*. Elle est devenue une illustration de la tactique, la mise en scène panoramique d'un rapport militaire; elle est descendue au trompe-l'œil des boutons d'un régiment ou des dessous de botte d'un général.

Il reste aux peintres du XIXᵉ siècle la peinture de genre, amenée, comme la grande peinture, à vivre dans le vestiaire ancien, régnante partout, honorée, cultivée, pratiquée comme un gagne-pain par tous les talents de notre temps petit, bourgeois, sans palais et sans fresques.

Il reste aux peintres du XIXᵉ siècle la peinture de portraits; mais le portrait n'est plus la physionomie morale qu'avait cherchée l'école italienne, il n'est plus le beau masque charnel des Flamands, il ne s'appuie même pas sur la pléiade des spécialistes du XVIIIᵉ siècle, les Rigaud, les Largillière, les Tocqué.

Il reste aux peintres du XIXᵉ siècle le paysage.

VII

Le paysage est la victoire de l'art moderne. Il est l'honneur de la peinture du XIXe siècle. Le Printemps, l'Été, l'Automne, l'Hiver, ont pour servants les plus grands et les plus magnifiques talents, que se prépare à relayer une jeune génération anonyme encore, mais promise à l'avenir et digne de ses espoirs.

Oui, le vieux monde se retourne vers son enfance, vers le berceau vert et bleu où vagit son âme héroïque. Chargé de siècles, il revient à toutes ces belles choses, à ce théâtre divin où se joue, au soleil, le poème épique de sa jeunesse nomade, agricole et guerrière. Beau temps du bois opaque, des ondes bavardes, des gazons où les Grâces dansaient nues avec les Nymphes, alors que le sentier de la prairie était la route départementale, que le sol vierge enfantait en liberté, que la rivière s'indignait du pont, que Dieu était le conservateur général des forêts! — Étrange bizarrerie! c'est quand la nature est condamnée à mort, c'est quand l'industrie la dépèce, quand les routes de fer la labourent, quand elle est violée d'un pôle à l'autre, quand la ville envahit le champ, quand la manufacture parque l'homme, quand l'homme enfin refait la terre, comme un lit, — que l'esprit humain s'empresse vers la nature, la regarde comme jamais il n'a fait, la voit, cette mère éternelle, pour la première fois, la conquiert par l'étude, la surprend, la ravit, la transporte et la fixe vivante et comme flagrante, dans des pages et dans des toiles d'une vérité sans pair. Le paysage serait-il une résurrection, la Pâque des yeux? Et ne serions-nous pas ces bons citadins du *Faust* courant se réchauffer hors la ville aux rayons du soleil, fuyant les prisons de pierre, la nuit des maisons basses, renaissant à la lumière, aux parfums des prés, au ciel et à la terre?

Le Paganisme antique sacrifiait à la nature; il la déifiait, la remerciait, lui dédiait ses poésies et ses poètes, ses cantiques et ses temples, ses Virgiles et ses Panthéons. Le paysage moderne n'adore plus la nature, il ne la chante plus, il la peint. Sous le portique de l'école nouvelle, vous ne verrez pas assis, dans l'éternité du marbre, les patrons des *Géorgiques ;* Priape et le père Sylvain, et le vieux Terme, et les petits dieux de la bonne campagne, couronnés de myrte et de romarin, mais les dieux tout humains du naturalisme qui ont fait du livre le portrait magique de la nature : Rousseau, Bernardin de Saint-Pierre, Goethe.

L'école italienne, toute préoccupée de la femme et de l'homme, avait jeté autour d'eux quelque peu de verdure, absolument pour garnir les fonds. — L'école française du XVIIᵉ siècle avait trouvé vulgaire l'ordonnance du bon Dieu. Elle ennoblit le paysage, éleva ses lignes jusqu'à une convenance tragique, donna aux sites une solennité d'*atrium,* et prêta aux arbres la tournure décente de confidents ; ou bien, fascinés par l'or pourpre des soleils couchants, elle se laissa emporter à des effets décoratoires. Les Hollandais, moins inquiets de la pompe et de la dignité du paysage, plus rapprochés de la nature et plus familiarisés avec elle, firent fausse route en pliant leurs études et les souvenirs de leurs yeux à des théories préconçues de dessin et de composition, de superpositions de plans ; ils perdirent le bénéfice du sentiment que leur donnaient la vue et la fréquentation de leurs modèles, par l'obsession tyrannique du sentiment qu'ils nourrissaient en eux-mêmes, et qu'ils apportaient avec eux sur le terrain.

Seule, l'école moderne a ouvert bravement les yeux, sans parti pris, résolue à ne se scandaliser de rien, à choisir, mais à ne pas corriger. Elle s'est agenouillée dans l'herbe. Elle s'est mouillée, déchirée et crottée. Elle a vérifié l'ombre, la lumière, le soleil et les branches. Son génie, elle se l'est fait à la façon de saint Thomas : elle a regardé et elle a vu. Et à cet art qui lui demandait tout, la nature qui s'était défendue et comme gardée de tant d'autres moins naïfs, la nature s'est toute donnée ; et de cette communion sincère sont sortis nos chefs-d'œuvre, les toiles de Troyon, et de Dupré, et de Rousseau, et de Français, et de Diaz, et de tous ceux que nous oublions. Et voilà le pourquoi de cet admirable éveil de jour ; le pourquoi de tant d'air, de tant d'espace et de tant de repos ; le pourquoi de ce brouillard de lumière, le pourquoi de cette neige de l'aube, qui caresse d'argent les grands bœufs : les *Bœufs allant au labour*.

VIII

Prenons dans notre main le monde de l'art.
Embrassons de l'œil le génie national des races,
et, pleurant la tristesse de tant de décadences,
pesons l'œuvre de paix des peuples.

L'Italie, — hélas !

L'Espagne court après Dubufe.

La Suède a un peintre, M. Hockert, qui, dans
le jour boréal d'une chapelle laponienne, a
groupé de façon savante, la Prière, l'Attention,
la Famille, la Maternité en action.

Le Pérou montre un coloriste, M. Mérino.

L'Allemagne possède Kaulbach et Cornelius.
— Elle possède M. Knauss, ce talent attendri
et comique, plus habile, plus sérieux que le
talent de M. Indusco ; M. Knauss, ce rieur de
tant de goût et de tant de sentiment qui, parmi
la bande crapuleuse des pitres, jette, comme
une fleur blanche, l'apparition virginale d'une
fille aux longues tresses ; M. Knauss, dont
l'œuvre à deux faces marie, dans un coloris

plaisant, sous une touche finement franche. *Wilhelm Meister* à la farce des *Saltimbanques*.

IX

L'Angleterre... Tout d'abord, la peinture anglaise ne vous semble-t-elle pas, dans son ensemble, une peinture particulière. conventionnelle en dehors des conventions, des traditions et des exemples de la peinture de tous les peuples et de tous les siècles ? Elle a « changé tout cela », comme le médecin de Molière. Elle se cherche hors d'elle-même. Elle est peinture à l'huile et elle s'est imaginé d'appeler à son aide les recettes, les ressources et les habiletés de la peinture à l'eau. Elle tient les larges brosses des Espagnols et des Italiens : les voilà devenues, en ses mains, pinceaux de martre, bons à promener l'aquarelle sur le bristol. Tous les chefs-d'œuvre lui montrent le calme et l'harmonie des tons juxtaposés. et toute la peinture anglaise est une peinture faite de glacis, de retours de main, de balayures, de touches piétinées, de repentirs et de remaniements de cou-

leurs. Des travaux qui se croisent et se sur-
montent, des teintes épongées, puis rallumées,
il naît un nuage et une fonte de tons pétillants,
une menteuse irradiation de pierres fausses;
on dirait un lavis à l'huile qui cherche le miroitement d'un buvard écossais.

D'où vient le mal? — Des mauvais conseils
du soleil de l'Angleterre et de la riche et transparente carnation anglaise. Chaque pays a
pour palette animée et vivante le teint de ses
femmes et les jeux de sa lumière. Mordus de
soleil, mordus d'ombre, les épidermes du Midi
amènent le peintre à exagérer les noirs, à vio-
lenter les oppositions. Mais comment oser des
préparations solides, des bistres francs devant
ces chairs de lait rosé, devant ce satin vif éclairé
par des reflets et des rappels de jour, en ses
plans les moins lumineux? Comment oser une
accentuation forte et nette devant les innocentes caresses de ce soleil sans hâle qui semble
laisser tremper tout ce qu'il n'éclaire pas dans
le mol azur d'un clair de lune? — Aussi ne faut-
il guère espérer, d'ici à longtemps, — à moins
qu'un beau jour la terre ne change de place et
l'Angleterre de climat, — d'autre peinture an-

glaise que les froids papiers peints du Maclise,
les miniatures de Hunt et les spirituelles por-
celaines des Mulready.

Considérée en son esprit, la peinture anglaise
semble une morale en action, tempérée d'*hu-
mour*. Elle semble avoir tout un public en la
Cité, et mettre son honneur à distraire, leurs
affaires faites, les honnêtes négociants, comme
les distrairait un vaudeville court, vertueux et
gai. Elle fait son profit du ridicule, du plaisant,
du caricatural. Elle se gare du solennel et du
dramatique, et ne touche à l'histoire que par
les scènes privées. C'est une peinture de chambre, d'intérieur de famille, une gaie célébration
du *home*; c'est un art d'observation et de malice, ambitieux de l'applaudissement du sourire. Le roman honnête et le comique, Hogarth
et Goldsmith, voilà son lot, tels sont ses maîtres.

Nous allions oublier un troisième maître de
l'école anglaise, celui qui a formé son peintre le
plus populaire : ce maître-ci est La Fontaine et
son élève est M. Landseer.

L'animal n'est qu'une bête chez nous. Nos
animaliers le peignent sans l'estimer. Ils le sur-

prennent dans le flagrant délit d'une pose, s'en
emparent et le livrent au public. Si par hasard
ils font de lui un personnage, ce n'est qu'un
personnage de comédie, avec lequel ils déri-
dent les femmes, les enfants et les grands enfants. — En Angleterre, où une loi d'une charité tout égyptienne attribue à l'animal une
sensibilité, où le turf attribue au cheval un
amour-propre, et où le maître attribue un bon
sens à son chien, — l'animal n'est plus seulement pour la peinture une étude ou un bouffon :
le peintre lui donne une raison et un sentiment.
C'est ainsi que, chez le *fablier* anglais, chiens,
chevaux, perroquets, ânes et singes, observés
moralement, sont appelés à l'honneur de com-
poser des tableaux sérieux. Où nos animaux
sont spirituels, les animaux de M. Landseer
sont humains. Ils sont ces moralistes à poils et
à plumes que faisait parler le bonhomme, et
toute la ménagerie domestique de M. Landseer
semble braire, glousser, hennir, japper un Ὁ
μῦθος δηλοῖ ὅτι....

X

La Belgique nomme avec orgueil un Sney-
ders vigoureux et solide, M. Stevens; un Abra-
ham Bosse poli, habile, spirituel, M. Willems.
Elle nomme, avant tous, celui-là de ces fils qui
vient de retrouver le moyen âge.

Ne rions pas. Le moyen âge était perdu. La
peinture avait beaucoup voyagé à sa recherche;
et l'École française de 1830 avait fait pacte avec
le romantisme des lettres pour restituer aux
générations modernes l'image de ce grand art
si bien oublié par Louis XIV et par Poussin,
par Louis XV et par Boucher, par la Révolution et par David. La peinture, malheureusement, ne toucha au moyen âge que par le côté
dramatique. Elle s'attacha plus aux faits qu'aux
hommes, aux catastrophes qu'à la vie sociale.
Elle fut éblouie par les cuirasses, les étoffes,
l'éclat et la bizarrerie des costumes. Elle har-
nacha des chevaux, assit dessus des miniatures
de manuscrit et les lança à ces batailles de fer,
où tombaient les Téméraires. Ou bien encore,

parmi le fracas des lignes et des couleurs, elle lâcha quelques fous bariolés, et, elle crut, cela fait, que le moyen âge s'était levé et marchait.

Voici qu'un Anversois, ayant à sa porte toutes les leçons du moyen âge, toutes ses recettes, toutes ses merveilles, les confidences de Van Eyck et les conseils de Memling, nous redonne un moyen âge tout neuf, un moyen âge rassis, calme, civil et tout étudié dans sa bonhomie et sa flamande narquoiserie. Il exhume et il ressuscite le grand acteur inconnu de ces temps, ce père des Frondes, cet aïeul des Tiers-États, ce vivant de bonne santé et de bon courage, gardant ses villes, prêtant aux rois, gagnant, priant et « se guabelant » le Bourgeois. — Ainsi est retrouvée, bien après la chronique politique et batailleuse des peuples, la chronique sans prix de leurs mœurs, et ces livres qui s'appellent *le Ménagier de Paris*, viennent éclairer d'un jour nouveau, Froissart et Commines.

M. Leys est entré au plus profond, au plus vrai, au plus intime, au plus privé des joies et des douleurs des bonnes gens du XVe siècle. Les figures semblent portraits. L'on jurerait qu'il groupe de souvenir les familles et les amis, et qu'il habille, de l'habit même que jadis ils portaient, tous ces morts et toutes ces mortes revivants. Et non seulement il retrace le type et l'allure, et les façons du corps du temps, mais l'ironie même qui rit tout bas sous la foi du moyen âge : Rabelais, qui nargue l'Evangile en sourdine, et Panurge qui moque l'Amour, il a interprété délicatement ces délicates choses. Il a mis aux faces balourdes des moines qui nasillent l'office des morts, un rictus de raillerie, il a fait des vieillards assis regardant, sous les remparts, passer la procession des tendres deux à deux, comme les caricatures de la médisance.

C'est cette intelligence du moyen âge, descendue ou plutôt montée jusqu'au détail de ses idées ; c'est cette restitution de ces côtés humains qui sont les mérites propres des pinceaux de M. Leys. C'est cela qui donne à la Belgique, cette banlieue de la France, vivant de nous et de nos œuvres, un véritable peintre d'une originalité autochtone.

XI

La France, — et ce sont deux Français très
peu *chauvins* qui parlent, — la France est aujourd'hui la grande école de peinture, la gar-
dienne du feu sacré. Elle est le Portique où se
disputent les systèmes, l'atelier où les procédés
s'élaborent; elle est la grande nation de l'art,
la patrie de deux grandes renommées : M. Ingres, M. Delacroix.

M. Ingres est peut-être le peintre dont le
pied de peinture s'est payé le plus cher, lui vivant, depuis que la peinture est. Son talent est
reconnu par toutes les écoles, par ses ennemis,
par ses amis. Il a enchaîné au char de sa gloire
peintres, amateurs, publics, critiques même.
C'est le dictateur de la ligne, un Raphaël res-
suscité qui exige, pour la montre de son œuvre,
l'apothéose égoïste d'une tribune de Florence.

Raphaël! A ce nom, la ligne, toute la ligne,
ses élégances et ses puretés, et ses virginités,
le trait divin presque, la conquête humaine du
beau, et la tranquillité, l'immortelle harmonie,

la sérénité paisible, et le caprice ondulant, et le
serpentement amoureux de la forme, et la greffe
naïve de l'art gothique sur l'art païen, l'ascen-
sion chrétienne de l'antique! Cet hymne et ce
chant, cette merveille et ce miracle, vous croyez
les retrouver sous ce crayon glorifié : hélas! vous
ne trouverez qu'un crayon appliqué, laborieux,
peiné, expert en raccourcis, mais asservi au
terre-à-terre des figurations d'ici-bas; vous ne
trouverez qu'un dessinateur, vous retrouverez
le modèle! Dites, Vinci, si les mains fameuses
de ces femmes sont les dignes sœurs des mains
de votre *Joconde?* Si ces bouches fermées respirent ce sourire que sourient, dans vos toiles, les
lèvres aimées de vos maîtresses? Dites, Raphaël,
si M. Ingres promène autour des galbes enchantés la caresse et l'enchantement de votre contour? Dites s'il a retrouvé cette prison aérienne
et magique où, tous deux, vous enfermiez, pour
les siècles futurs, les filles célestes de votre foi,
de votre imagination et de votre cœur? Et dites
encore si le dessin est cette chose de dessiner
correctement un nez, et si du dessin vous n'aviez
pas fait le poète de la ligne?

Oui donc, M. Ingres est un dessinateur, un

dessinateur incontestable; mais le sentiment du dessin, la vie morale que les anciens lui soufflaient, la beauté intelligente, le baiser de Pygmalion dont ils animaient sa froideur marmoréenne, cette élévation du type dont ils faisaient sa victoire, — et sa proie la plus désirable, — où les trouvez-vous chez M. Ingres? Est-ce en ces images muettes de femmes, en ces bustes froids, en ces physionomies silencieuses, en ces portraits morts de si loin dépassés par le portraitiste Coignet? Est-ce en ces miniatures dérisoires des aristocraties et des beautés de la femme, en ces *précieuses* calomnies où le poignet engorgé affecte les emmanchements plébéiens, où l'ovale fluxionné est déformé par des bajoues morbides, où la pommette est fardée de violet, où la figure ne tourne ni ne rondit, enduite, d'un contour à l'autre, d'une teinte plate, sans modelage de tons, fac-similé de la linéature, et non miroirs vivants du visage et des rayonnements de l'âme.

M. Ingres a mieux réussi à reproduire la face de l'homme, moins morbide, moins renouvelée et d'une expression moins fugace que la face de la femme.

Le portrait de M. Bertin, cette droite et claire raison saisie dans une pose de vulgarité robuste; le portrait de Cherubini, ce patriarche penché sous sa gloire et sous la bénédiction de sa muse, seraient deux beaux portraits, si la vie de la chair n'y était glacée par cette déplorable peinture porcelainée, hostile à toute coloration animante.

A ce défaut se joint, dans les autres portraits de M. Ingres, l'excessive curiosité de l'accessoire; et l'on dirait que, parfois, le but préféré du portraitiste est d'être le Memling d'un bras de fauteuil, d'une lorgnette ou d'une broderie.

Que si nous parlons du coloris de M. Ingres, c'est que M. Ingres n'a pas fait à la couleur une renonciation franche et complète. Comme Carrache guéri des pompes matérielles de sa palette, il ne s'est pas mis résolument au régime du blanc et du noir. M. Ingres est beaucoup moins détaché de la couleur qu'il ne le croit lui-même. S'il est revenu pour toujours de cette belle erreur, la *Chapelle sixtine*, que lui avait conseillé le *Concile* du Titien, il a des tendances dissimulées et sournoises au rose et au violacé.

Il aime à pondre frais. Ne nous lapidera-t-on qu'à moitié si nous déclarons que, pour nous, ce coloriage cœur de rose de M. Ingres est une déplorable manie? Nous lui préférons encore ces tons jaunâtres du poirier, employées dans les mosaïques en bois, qu'affectaient les premiers portraits et les premières études de M. Ingres. Exceptons toutefois une étude de femme nue assise sur un lit, vue de dos, tout entière dans la demi-teinte. Le maître du clair-obscur, Rembrandt lui-même, envierait la couleur ambrée de ce torse pâle.

Ainsi pourvu, le goût de M. Ingres emporte volontiers son étude vers les Vénus aux charmes révélés, les belles déshabillées sur le tapis de pourpre, l'étalage de la chair, le régal sensuel fourni aux yeux par les couleurs vierges du Titien, les Anadyomènes, les déesses enfantées d'écume, habillées d'air, les nymphes vautrées dans les clairières; et ce lui est un sujet familier et cher que d'exposer des odalisques fleur-de-pêcher sur des damiers à cases bleues et rouges. Singulières et malheureuses amours d'un dessinateur et d'un dessinateur spiritualiste! Quand Michel-Ange a des fantaisies pareilles, il cherche à signifier, dans une musculature colossale et divine, quelque énorme volupté, une bestialité olympienne, les géants embrassements d'une fille de la Terre et d'un Jupiter emplumé ; mais ce n'est guère là, je pense, l'ambition ni même l'affaire de M. Ingres.

Sortez M. Ingres du portrait ou de l'académie, vous aurez la mesure de ce talent avare. M. Ingres ne tire rien de lui. Il se demande lui-même au passé. Il extrait péniblement son œuvre des chefs-d'œuvre. Il cherche son âme et sa gloire à la sueur de l'effort. Sa naïveté est un souvenir, son caractère un archaïsme. Il supplée au génie par la peinture, au don par la conscience. Mis face à face avec l'histoire, M. Ingres appelle vainement à son secours une certaine sagesse d'ordonnance, la décence, la convenance, la correction et cette dose raisonnable d'élévation spirituelle qui demande un public élevé au collège. Il sème les personnages autour d'un centre d'action. Il les place sans les grouper. Il jette, çà et là, un bras, une jambe, une tête parfaitement dessinée et il croit sa tâche finie quand il a assemblé des formes.

Il ignore absolument l'art de meubler une toile, d'intriguer plastiquement une scène historique, d'intéresser au fait des individus de planton dans sa composition, en sorte que ces réunions isolées, pour ainsi dire, ont le lien insuffisant de ces banquets de souverains de l'Europe figurés en cire.

M. Ingres n'est grand, il ne touche même au religieux que dans son *Saint Symphorien*, cette jeune et belle statue de la Résignation, calme dans la furie ambiante. — Mais je voudrais mener flairer un à un à l'engouement public les petits tableaux de genre de M. Ingres! Que je voudrais le mener à la suite du peintre, dans la famille des rois et l'alcôve des légendes, chez Henri II et chez Francesca! La belle école! Comme M. Delaroche, le metteur en scène inimitable, tirerait de là de précieuses leçons! Comme M. Meissonier y apprendrait la peinture des étoffes et M. Leys le sentiment historique.

Qu'ajouter? — Un mot. — Il est dans tout siècle d'immenses réputations, bâties à l'amiable par toutes les impuissances, et dont toutes les envies se servent comme de massues, pour assommer les vraies gloires.

XII

En face la royauté de M. Ingres se dresse la royauté de M. Delacroix, royauté moins assise et moins officielle, plus fondée sur la reconnaissance des gens du métier que sur l'idolâtrie du public.

L'action est le génie, le *démon* de M. Delacroix. Dérober le geste, ravir la silhouette animée de la créature, conquérir le mouvement; jeter, captiver sur la toile, la mobilité humaine; pousser le tableau à cette violence des choses : le drame; remuer, agiter, enfiévrer la ligne, comme pour dépasser dans l'imagination du spectateur le moment, la seconde, où la vie du fait a été subitement figée, pour ainsi dire, — voilà les inspirations et les ambitions de M. Delacroix, sa voie et son renom.

Il semble que le pinceau de M. Delacroix ait été gagné des convulsions sacrées que Tanger promène par ses rues; de ses personnages, rien ne repose, nul membre ne dort; ceux-là mêmes qui seront assis, seront assis en des attitudes révoltées : les bras détachés du torse protesteront contre l'apaisement des lignes inférieures, et le peintre cherchera à faire de ces mains d'acteurs, précipitées en avant, comme la parole du mouvement. Ces mains furibondes, ces enseignes de la passion, vous les retrouverez déployées par tous les tableaux de l'exposition de M. Delacroix : et le souvenir vous revient involontairement, à les voir, de ce Maturino gardé par un musée de Belgique où, dans la nuit d'une vieille salle, des mains, des mains seules s'attaquent crispées.

Aussi M. Delacroix n'est-il jamais plus à l'aise que parmi les grandes bousculades héroïques, les ruées frémissantes des populaces, les mêlées des orgies sanglantes. Nul ne l'égale, ce peintre plein de ces dieux que Rome appelait les *dieux tumultuants*, alors qu'il s'agit de lancer la Liberté au feu des grandes émeutes, les faubourgs à l'assaut des conventions, les bandes d'assassins à la gorge des évêques, et c'est de pinceaux grisés de sang, de poudre, qu'il fait onduler la confusion des têtes, qu'il détaille et qu'il fond ensemble l'infinie gesticulation des foules, qu'il retrouve le pêle-mêle et le choc, et le heurt et le coudoiement d'un millier de fureurs !

Au drame humain M. Delacroix associe une nature dramatisée ; les collines mornes, les ciels désolés accompagnent le Christ au tombeau ; entre les mers lourdes, les flots morts, les firmaments de plomb, se débat, errante, la faim des naufragés.

Le mouvement qu'il prête à tout ce qu'il touche, M. Delacroix le garde du fini et du précis ; il semble craindre qu'il ne s'envole, qu'il ne déserte son œuvre, s'il essayait de trop l'écrire, s'il attentait au premier élan, à la liberté originelle du geste jeté. Nourri des poètes, il ne formule leurs rêves que dans le nuage de l'ébauche, baignant et noyant leurs créations dans la pâte molle, n'osant qu'une esquisse des matinales amours et du balcon de Vérone, leur laissant le manteau de la demi-nuit et de la demi-aube. L'intention spiritualiste de cette manière est digne de remarque chez un peintre coloriste.

Coloriste, M. Delacroix est un coloriste puissant, mais un coloriste à qui a été refusée la qualité suprême des coloristes : l'harmonie. Il est peu de tableaux de M. Delacroix où l'on ne trouve des morceaux francs, d'heureux contrastes, de belles oppositions. Mais en quelle toile a-t-il eu ce merveilleux équilibre, cette heureuse cadence étendue à toutes les parties de la toile, cette paix des tons qui se balancent, ce bain général et pondéré de lumière, cet éclat reposé, auxquels sont parvenus les grands maîtres ? — Assurément M. Delacroix est un coloriste, mais il est un coloriste froid, plus porté, par le tempérament de sa palette, aux *crucifix* de Rubens qu'à ses œuvres chaudes et radieuses, le *Saint Bavon* de Gand, le *Saint Chrysostome* de Grenoble. Laissez de côté ses premiers tableaux, tout assombris des noirs de Géricault, exceptez de son œuvre la *Médée* et quelques parties du *Trajan*, peintures blondes et ensoleillées, et regardez tout le reste. Prenez par exemple la *Noce juive* : vous demeurerez convaincu que jamais soleil d'Afrique n'est descendu emplir la toile d'un fluide d'or.

Une affection systématique pour le rouge, le brun, le bleu foncé ; des lumières métalliques du blanc d'argent ; l'exclusion des tons tendres ; le malhabile emprunt au Véronèse des brocarts

jaunes et roses; des couleurs crues trop entières et non rompues; des fonds chargés et
durs, donnent à la peinture de M. Delacroix
une gamme sourde, un papillotage brutal qui
ne sont d'un grand et d'un heureux effet que
dans les scènes de nuit, dans les tragédies aux
flambeaux, dans le *Valentin* et dans l'*Evêque
de Liège*; et, devant ces deux toiles, le regret
vous prend que M. Delacroix n'ait pas tenté de
traiter en grand le Nord et la Nuit. — M. Delacroix n'empâte pas comme les Espagnols; il n'a
pas hérité non plus des coulées de couleurs de
Rubens. Son travail est, de préférence, un
glacis égratigné d'une pâte lumineuse; sa
touche, une touche pénible qui n'est jamais
carrée, et se complait à d'ingrates hachures.
Parfois, comme dans le *Massacre de Scio*, ses
têtes à peine lavées d'huile colorée, il les tatoue
de mouches brun, vermillon, cendre verte, un
pointillé multicolore qui s'assemble à distance,
mais qui donne aux chairs un scintillement
nacré.

Quand, des toiles de M. Delacroix, le regard
se porte vers les toiles d'un homme nouveau,
vers les toiles d'un coloriste, plus coloriste que

M. Delacroix, plus savant, plus adroit, plus rompu aux difficultés, plus maître des procédés du métier, plus familier avec la main des maîtres qu'aucun autre de ce temps; quand le regard se porte vers ce *Fauconnier*, le plus beau morceau de couleur qui soit sorti d'un atelier français depuis 1830, il arrive que l'on se demande pourquoi M. Delacroix a gardé sa place et pourquoi M. Couture ne la lui a pas enlevée. Pourquoi? — Parce que, malgré des défauts et des erreurs, M. Delacroix, — un grand talent qui vaut qu'on dise de lui un grand mal. — M. Delacroix est l'imagination de la peinture du XIX⁰ siècle; parce que son *Dante et Virgile* est une des plus hautes compositions de notre époque; parce que M. Delacroix est notre seul coloriste de grandes machines, notre seul *plafonnier*; parce que, si M. Delacroix n'était pas l'élève de Rubens, M. Delacroix triompherait dans la postérité comme il triomphe dans son temps.

XIII

Tous, et les plus grands et les plus célèbres, et les plus habiles, et les plus indépendants de notre école et de notre siècle, tous se nourrissent d'exemples. Du Perugin à Watteau, chacun a choisi son patron et vit dans la clientèle et la servilité.

Où est le style? ce je ne sais quoi de particulier et de frappant où se reconnaissent les maîtres; cet accent qu'ils portent en eux et qu'ils prêtent aux choses; cette vue neuve de la création: le style! ce sceau rare et merveilleux; cette marque d'invention, de propriété, de personalité; cette franche et inimitable signature du génie!

Un seul, parmi la foule choisie, ne relève que de lui; un seul parmi tous a le style; et par cela, un seul, selon nous, est appelé à prendre place dans l'immortalité, à côté des maîtres.

Decamps est le maître moderne, le maître du sentiment pittoresque. Il a doté le tableau de chevalet de l'énergie historique. Il a trouvé la nouvelle formule plastique de la nouvelle histoire d'Augustin Thierry. Il a descendu à des personnages de miniature la grandeur michelangesque. Il a rallumé le soleil de Rembrandt au foyer de l'Orient. Il a été le dessinateur superbe de l'Hercule juif. Il a été le paysagiste épique. Il a été le poète comique et profond de l'instinct et de la malice de la bête.

Son DC puissant, au bas de trois coups de crayon ou de brosse, est la griffe du lion.

Il s'est trouvé des gens qui, dans cette riche intelligence, dans cette hardie compréhension, dans cette admirable organisation artistique, n'ont vu ou n'ont voulu voir qu'un homme de métier, disons leur mot, de *ficelles*. Dans cette prodigieuse interprétation de la nature, qui est l'œuvre de Decamps, ils ont vu quoi? — des frottis secs. Cela qui n'était que son moyen, a été déclaré sans appel ni recours, son but, et la critique malveillante, et le public qui l'écoute, ont fermé les yeux devant cette âme de la nature qui montait et jaillissait de ces travaux, de ces recherches, de ces inventions d'une main savante.

Et cependant, voyez : c'est la vie du ciel ! Les petites caravanes paresseuses de nuages blancs, par l'éther implacable ; les courses folles des nuées échevelées ; les longs déroulements et les lourdes marches, et les figurations titanesques des nuages solides ; et les firmaments balafrés, barrés, rayés, et les zébrures terribles ; les vapeurs humides qui s'élèvent de la terre, à l'heure de son éveil ; le rayonnement pacifique du midi ; et le soir, et ses voiles de gaze ondulants, lutinés par l'haleine des nuits ; et le glaive de feu de l'orage, — se rendent à ses pinceaux vainqueurs, surprenant ces images de l'infini, comme les surprend le daguerréotype de Macaire.

Que du ciel la peinture de Decamps descende à la terre, — la magnifique traduction ! L'infinie perspective ! C'est d'abord une croupe énorme, la barrière d'un monde. Les monts sont collines, les rocs se mamelonnent à l'horizon lointain. Puis roule lentement, par les plans étagés, le torrent des lignes insoumises, jusqu'à ce coin tranquillisé qui est le *proscenium* du tableau et le rendez-vous de son intérêt. Et, là encore, tout sera grand par l'aspect sculptural que le maître sait donner à tout. Decamps prête un caractère

à son désir comme à ses personnages. L'arbre
sera rameux, il se profilera dans toute son armature ; il percera sa feuillée avare d'un faisceau de nervures accentuées qui se dresseront
contre le ciel, comme les cent bras de Briarée.
— mouvement de l'immobile matière. Au-dessous de l'arbre, il ne dédaigne rien, vivifiant
dans sa toile le grain de sable et le fétu, s'ar-
rêtant aux moindres accidents de terrain, pas-
tichant ses rugosités brutes, prêtant une figure
jusque aux cailloux du chemin : — travail patient et inspiré, par lequel Decamps conquiert
la physionomie de la localité, du pays, du climat.
Il va, il cherche, il s'inquiète ainsi de percer et
de peindre l'âme inerte de la nature, cette vie
latente, ce reflet d'action qu'elle emprunte à
l'universelle action des êtres ; et la nature, en
l'œuvre de Decamps, est ce conte de fées où,
tout à coup, guéris de leur catalepsie, affranchis
du mauvais sort que Dieu leur jeta, l'arbre sent,
le rocher parle, l'eau chante.

Ce mur, ce mur blanchi et reblanchi de chaux
vive, mangeant les yeux, usant le soleil, les
pinceaux de Decamps le truellent ; ils le maçon-
nent, ils le crépissent ; le chiffon, le grattoir, le

bouchon et le couteau à palette, ils appellent tous les aides de la pratique. Et soudain, le mur, le mur lui-même, est tout entier sur sa toile, calciné, lézardé, grenu, poreux, suant des micas, rougi par des esquilles de briques, émeraudé par d'humides suintées, les pieds roux de fumier, baveux d'immondices; un mur en personne naturelle, confessé tout entier, contant toute son histoire, toute sa vie de pluie et de soleil. — Et faut-il une ombre sur ce mur, une petite cernée d'outremer la fera lumineuse et transparente, comme il convient à une ombre faite sur un tel mur, par un tel soleil. Même l'ombre franche, l'ombre crue, l'ombre sous cette porte, elle sera l'ombre qui est: et des glacis, et des lavis, et des frotis, il sortira, non une nuit partielle, mais une défaillance de lumière noyée et ensevelie dans la poussière dorée du jour, sans que le maître ait sacrifié une arête, une solidité, une vigueur.

Pour meubler ses paysages de France, Decamps s'empare du gamin, du roulier, du mendiant, du paysan, — tous gens qu'il sait habiller du dessin carré et cerné de Chardin, le grand costumier moderne. — L'Italie, la Grèce, l'Asie,

les terres chaudes et brûlées, favorites du soleil,
il les peuple des canéphores aux lignes sévères,
des Turcs immobiles et graves, recueillis en
leur paresse comme en une prière, des Arnautes
au profil indien, des éphèbes aux beaux mem-
bres; des femmes voilées, ombres silencieuses
du Repos et de la Rêverie molle; des marmots
demi nus, aux yeux fiévreux, globes de jais qui
nagent dans leur orbite; des cavales blanches
piétinant dans les grès roses; des truies noires
du Latium qui s'accroupissent dans l'ombre;
des tortues lentes; des cigognes perchées sur
les ruines, sentinelles d'argent. Et de ce kaléi-
doscope, et de cet arc-en-ciel, et de ce royal vestiaire d'Arlequin, — l'Orient, — comme il a fait
son bien et son douaire ! Ce ne sont par ces toiles,
que tendres, vives et gaies couleurs, que fan-
fares et pétillements de vermillon, de jaune d'or,
de cendre verte, riant dans l'harmonie jaune de
l'ensemble. Les beaux éclairs de ton, ramenés
au ton général par les blancs jaunes, reliés entre
eux par les contours et les ombres brûlées de
terre de Sienne ! Et de cette palette, un jour,
s'échappe, tout un écrin, ces ânes d'Asie, brill-
lants, étincelants d'une poudre de perle, de to-

paze, de rubis et de diamant, le chef-d'œuvre de cette peinture agatisée que tous cherchaient alors : Delacroix et Bonington, et Isabey ; — et de cette palette reposée, un jour s'envole une merveille des merveilles : *le Boucher Turc*.

A Decamps, le village, la ferme, la cour et la basse-cour, le fumier et la masure, et la loque et l'écurie, l'auge, la bauge et le chenil ! A Decamps, la chasse ! La perdrix au blé, le canard au marais, la quête et l'arrêt ! A Decamps, le chien ! Chiens de plaine, chiens de bois, — et les bassets tors !

A Decamps, le singe, la comédie simiesque ! et macaques et guenons. — une ménagerie de grimaces ! — habillés ou déshabillés, coquettes ou pétrins !

A Decamps, le choc des peuples et des hordes ! les harnachements sauvages, les catapultes grossières, les chars barbares, l'anarchie de carnage de la guerre en enfance ; les cirques bornés par l'accumulement des montagnes, le sang qui brunit le terrain de cuivre, montant voiler le firmament de la pourpre de ses fumées ! A Decamps, trois armées qui se broient, deux mondes qui se dévorent ! A Decamps, la panique poussant dans le ravin la défaite trépidante! A Decamps, le roulis d'hommes, de chevaux et de bœufs, emportant dans le flot de leur terreur le désespoir des femmes!

A Decamps, la Bible! Les pierres énormes semées sur la terre pour le sommeil de Jacob. A Decamps, les peupliers et les amandiers maigres des montagnes de Galaad; les citernes économes auprès desquelles s'aplatissent les chameaux ismaélites, chargés d'aromates! A Decamps, le troc des Joseph contre vingt pièces d'argent! A Decamps, les cavernes profondes, où Israël fuyait Madian; les roches d'Etam, où le douzième juge reposait sa force! A Decamps, les travaux du Nazaréen, la mâchoire du poulain d'ânesse, les mille hommes tués à Lechi, et Dalila, et le temple du dieu Dagon qui croule!

A Decamps, les mers bleuissantes, ourlées de diamants; les campagnes embrasées, craquantes et dartreuses! A Decamps, le paradis torride, fleuri, emperlé, éblouissant, l'Eden incendié! A Decamps, l'Orient! A Decamps, la couleur folle! A Decamps, la lumière ivre.

A Decamps seul. — le soleil!

NOTE SUR L'ILLUSTRATION

ET TABLE DES PLANCHES

A ce livre d'esthétique moderne, dont les auteurs se trouvèrent être tout ensemble des critiques et des artistes (1), des graveurs sur pierre fine de la prose et d'avisés manieurs de pointe et de pinceau, l'éditeur a jugé convenable de donner comme illustration quatre planches attestant les dons de peintre et de graveur d'Edmond et de Jules de Goncourt. De là, le choix des ouvrages héliogravés par M. Schwartzweber, et qui reproduisent, en réduction, une aquarelle et une eau-forte de chacun des deux frères :

---

(1) Voir les *Eaux-fortes de Jules de Goncourt*, notice et catalogue par Ph. Burty (Paris, in-folio, 1876) et, dans les *Goncourt*, par A. Delzant (Paris, in-18, 1889) les chapitres IV, IX, XXIII et les paragraphes III et IV de l'appendice.

Edmond de Goncourt, eau-forte par Jules de Goncourt (1). — Frontispice.

N° 29 du *Catalogue de l'œuvre gravé de Jules de Goncourt,* par Ph. Burty :

« Assis dans un fauteuil, tête nue, de profil, tourné vers la gauche, il fume une longue pipe de terre. »

Dimensions de l'original. H. 0,16 — L. 0,16. Cabinet des estampes.

Jules de Goncourt, aquarelle, par Edmond de Goncourt. (Collection de Goncourt) (2). — En regard de la page I.

Bien que l'aquarelle soit datée 29 *avril* 1857, ce passage de *En 18..* (p. 97) la définit exactement :

« Enfoncé paresseusement dans sa chauffeuse, il posa les deux pieds sur le chambranle de la cheminée, lança au plafond un épais nuage de fumée... »

Cette aquarelle a figuré à l'Exposition centennale de l'art français en 1889. (N° 285 du catalogue.

Dimensions de l'original : H. 0,25 — L. 0,28.

Eau-forte d'Edmond de Goncourt, d'après un dessin de Chardin : Étude de Jaquet (Collection de Goncourt). — En regard de la page 1.

L'étude de *Jaquet* par Chardin est ainsi décrite dans *La Maison d'un artiste* (tome I, p. 60) :

« *Un Jaquet,* un petit laquais au grand chapeau aux bords

------

(1) Il existe de M. Edmond de Goncourt par Jules de Goncourt deux autres portraits à l'eau-forte, dans des poses différentes (n° 12 et n° 19 du catalogue Burty).

(2) De son aquarelle M. Edmond de Goncourt a donné une reproduction à l'eau-forte qui se voit au Cabinet des estampes.

retroussés, à la houppelande qui lui tombe sur les talons ; il désigne de son bras droit étendu quelque chose à la cantonade : »

Dimensions de l'eau-forte : H. 0.175 — L. 0,11 Cabinet des estampes .

Tannerie à Sienne, 1856, aquarelle de Jules de Goncourt (Collection de Goncourt'. — En regard de la page 165.

De cette *Tannerie*, Edmond et Jules de Goncourt ont donné, parallèlement à l'aquarelle, la peinture *écrite* suivante dans leurs notes de voyage, *L'Italie d'hier :*

Dans la montée de cette sorte de chemin de ronde, qui fait le tour de Sienne, et dans lequel, des pans restés debout d'un mur des anciennes fortifications, descendent de grandes ombres aux dentelures bizarres, où, obscurs et noyés en la pénombre, émergent dans le soleil, des mulets, à la pourpre éclatante de la couverture, aux éclairs des plaques de cuivre, toutes cliquetantes : — là dans ce chemin, entre une colonne en pleine lumière, à gauche, et à droite, la montagne aux oliviers d'hiver verdegrisés, portant l'église San Dominico, soudain m'est apparue, une tannerie : un coin de bâtisse à faire la joie de Decamps, un morceau de paysage urbain, chauffé, recuit, calciné, rissolé, avec des pétards de blanc d'argent, de vermillon, d'outremer, dans des ombres de bitume et de terre de Sienne brûlée.

Un petit mur montant à la façon d'une rampe d'escalier : un petit mur blanc, ayant l'air de craie grattée, rayée, égratignée, et tout recouvert de peaux qui sèchent, suspendues à des moitiés de cerceaux, des peaux de toutes couleurs : des peaux couleur d'amadou, couleur de feuilles séchées, couleur de lie de vin, glacée de tons bleuâtres. Au bas d'une terre, que l'égouttement de l'eau chargée de tan, a rendue toute rouge, un grand réservoir, rempli d'une eau verdâtre, du vert dense d'un marbre, et dans cette eau, comme solide, les reflets du mur blanc, de la terre rouge, des peaux multicolores, avec au milieu de ces taches, arrêtées par de dures cernées, des rayures de lapis, dans lesquelles se mire le bleu inaltéré du ciel.

Contre le réservoir, s'élève un bâtiment à l'aspect d'une ruine antique, un grand bâtiment de brique tout rouge, où le plâtre qui le recouvrait, éclaté sous l'action du soleil, n'a laissé que quelques esquilles blanches : un bâtiment aux trois immenses baies cintrées, sans porte, et où, à la place des portes, sont encore suspendues de grandes peaux qui ont l'air d'animaux desséchés. Et au-dessus de ces trois baies, dont le dessous est tout émeraudé par les jolies nuances frigides de l'humidité, une terrasse, au haut de laquelle, autour des pilastres, se contournent les sarments desséchés d'une vigne, qui fait le toit de l'édifice en été...

Oh! tout à fait un motif de Decamps, dans l'atmosphère limpidement claire d'un jour d'hiver italien, et dans un air chargé d'émanations âcres, toniques, astringentes. »

Dimensions de l'original : H. 0,15 — L. 0,25.

INDEX DES NOMS CITÉS

TABLE DES MATIÈRES

A PARIS

DES PRESSES DE D. JOUAUST

Rue de Lille, 7

M DCCC XCIII